新时代高职学生休闲体育倾向与特征研究

黄燕飞 著

浙江工商大學出版社
ZHEJIANG GONGSHANG UNIVERSITY PRESS

·杭州·

图书在版编目(CIP)数据

新时代高职学生休闲体育倾向与特征研究 / 黄燕飞

著. — 杭州：浙江工商大学出版社，2019.11

ISBN 978-7-5178-3593-6

Ⅰ. ①新… Ⅱ. ①黄… Ⅲ. ①大学生－休闲体育－研

究－高等职业教育 Ⅳ. ①G807.4

中国版本图书馆 CIP 数据核字(2019)第 259243 号

新时代高职学生休闲体育倾向与特征研究

XINSHIDAI GAOZHI XUESHENG XIUXIAN TIYU QINGXIANG YU TEZHENG YANJIU

黄燕飞 著

责任编辑	刘淑娟　　王黎明
封面设计	林朦朦
责任印制	包建辉
出版发行	浙江工商大学出版社
	（杭州市教工路 198 号　邮政编码 310012）
	（E-mail：zjgsupress@163.com）
	（网址：http://www.zjgsupress.com）
	电话：0571-88904980,88831806（传真）
排　　版	杭州朝曦图文设计有限公司
印　　刷	杭州高腾印务有限公司
开　　本	710mm×1000mm　1/16
印　　张	10.75
字　　数	205 千
版印次	2019 年 11 月第 1 版　2019 年 11 月第 1 次印刷
书　　号	ISBN 978-7-5178-3593-6
定　　价	39.00 元

前　言

　　随着社会的快速发展，人民生活水平的提高，在满足了物质生活需求的前提下，人们纷纷重视精神生活，开始追求幸福美好的生活。与此同时，社会环境和自然环境的变化，使人们逐渐意识到健康的重要性。社会需要健康的社会人，而学校需要健康的学生，在学生毕业走出校园成为社会人之前，养成健康的生活习惯，对个人甚至整个社会的发展是相当重要的。休闲体育，作为一种时尚、一种有意义的健康生活方式潜移默化地深入人心。

　　休闲一般主要是指通过闲暇时间获得身心的放松，以达到促进健康的作用。而体育教育是高职院校教育的一个重要组成部分，主要是通过身体活动或其他形式的锻炼提高学生的身体素质、运动技能、社会交往能力、心理承受能力。前人对休闲体育进行了大量研究，一致认为休闲与体育教育之间有着诸多联系，人们对休闲行为的选择和价值的判断需要建立在一定的教育基础之上，休闲需要体育教育。随着体育教育制度的不断改革，传统的体育观念不断更新，休闲观念已经深入社会、学校和家庭，现代的学生需要休闲，休闲体育与高职学生有着更加密切的联系。因此，高职院校进行休闲体育教育是时代发展的必然。休闲体育教育是一种通过身体活动谋求个体身心健全发展的集竞技性、表现性、娱乐性和教育性于一体的社会实践活动。它不仅可以提高学生的身体素质，帮助学生实现自我价值、提高生活质量，而且对于身心的健康发展也有积极的促进作用。

　　休闲体育活动是人们在可自由支配的时间内，自主选择自己爱好的体育活动，为达到愉悦身心、修身养性、实现并完善自我而进行的一种社会活动。随着我国全面建设小康社会目标的达成，新时代高职学生开始重视生活质量，越来越多的学生在闲暇时间里开始用体育的方式进行休闲娱乐，休闲体育被越来越多的人认可和重视。关注和研究休闲体育活动的人日益增多，但目前基本是对休闲体育理论或某一地区居民、大学生、青少年、老年人休闲体育现状、特征及影响因素的研究，对高职学生这一群体的研究还比较少。研究高职学生休闲体育的特征，有利于反馈评价高职院校教育效果，也有利于扩展高职体育教育功能及素质教育的渠道；通过研究来提示制约浙江省高职学生与休闲体育的主要因素,从而更好地在高职院校开展休闲体育活动,丰富大学生的校园生活,培养他们形成良好的休闲方式与终身体育锻炼的意识。

不同国家与地区,休闲体育学的发展不尽相同,不单单靠经济实力的支撑,还要靠人们生活观念的转变和社会文化氛围的熏陶。我国休闲体育学的发展在改革开放之后才初见成就,发展程度较国外低,发展经验不足,在前人研究成果中休闲体育一般依附于传统体育、体育产业等方面,与欧美发达国家相比发展进度较为缓慢,近年来虽有长足进步,但仍具较大发展潜力。对于高职院校的休闲体育钻研,我国的休闲体育学者一直在努力,并解决其中的一些发展问题,而相关的研究内容也日益全面。在前期研究成果中,高职学生休闲理念刚刚萌生,其中夹杂着传统观念,从而阻滞了休闲体育思维的发散与创新;在社会上,具有独立性的休闲体育协会或团体较少,大部分处于零散团体或依附在其他组织之中。当前研究趋势在于教育领域,课程设置趋于合理,但不够丰富;教学组织不够系统,缺少实践经验;社会职位尚在萌生阶段,与学校课程教学不相协调;等等。对于社会大众来说,休闲体育作为新兴体育活动,适合社会各阶层民众,但要让他们对休闲体育有更多的了解,则应该做好相关的传播工作。我国对休闲体育的概念还没有一个统一的说法,不过却在这方面达成了一个有效的共识,那就是休闲体育主要是通过体育方式来实现休闲的目的。休闲体育带给人们的益处就是让人有更多时间消磨闲暇时光,使身心愉悦。发展高职院校学生休闲体育对高职学生的身心放松大有裨益,还可以使他们学到书本上学不到的东西,而这也是打造终身体育的本源所在,是培养其兴趣的关键。

本书在对休闲体育研究的基础上,以浙江省高职学生为对象,对他们参与休闲体育的行为进行调查研究。社会的发展和经济的繁荣,已使高职学生在主观思想上有了对休闲的需求愿望,认识到了休闲在生活中的重要性和必要性。休闲已经成为人们生活的重要组成部分,它绝不仅仅是生活方式的休闲,而将越来越成为决定人生幸福的核心因素。本书通过对高职学生参与休闲体育的状况进行抽样调查来了解学生目前对休闲体育活动的参与程度和态度,揭示制约学生参与休闲体育的因素,从而为改善和提高学生的生活质量提供参考,为休闲产业、体育产业及体育服务部门的发展提供一些信息和依据,为学校体育教学,特别是高职院校的体育教学提供一种反馈信息;同时也唤起学生参与休闲体育的意识,倡导学生形成一种健康、科学、文明的生活方式,从而提升人们的生活层次与生活质量,满足人们对丰富的精神生活的追求,也使人们能更好地通过休闲体育健康发展并完善自我,使每个个体真正成为一个全面、自由发展的现代人。

本书一共有五章,第一章是对高职学生与休闲体育的概论,第二章对高职院校开展休闲体育的现状进行调研,分析在高职院校内开设休闲体育的必要性和可行性。第三章主要通过问卷调查的方式,分析新时代高职学生的休闲所需,以及制约高职学生参与休闲体育的行为特征因素,分析休闲体育在高职学生中实施的必要性和可行性。第四章论述新时代高职学生终身休闲体育的需要以及终身体育对现代大学生的影响。第五章介绍高职院校对休闲体育的干预。随着新时代的发展,新时代高职学生与休闲体育的关系日益密切,旨在将休闲体育真正融入高职学生的生活,最终使学生养成终身体育锻炼的习惯,真正享受学生时代的休闲体育。

　　近年来,休闲体育逐渐家喻户晓,我想把自己多年来取得的成果汇编成册,供高职学生和高职体育教育人员阅览。在此,十分感谢学校领导对我的精心指导,衷心感谢我的同事、朋友及我的学生在我学习、研究、调查过程中给予的无私帮助与支持,感谢学院的大力资助,感谢学院科研处的热忱帮助,也感谢出版社的同志为书稿的出版所付出的辛勤劳动。由于水平有限,书中若有欠缺和不足,敬请批评指正。

目　录
CONTENTS

第一章
高职学生与休闲体育

　　青年时期的毛泽东在其一篇公开发表的论文《体育之研究》中开创性地提出了"健康第一，体育第一""体育之于人全面发展"等体育思想，提出了"欲文明其精神，必先野蛮其体魄"的唯物主义实践观，指出体育与德育智育之间相互影响的辩证关系，强调身体是知识和道德的载体，即"体全而知识之事以全"，呼吁学校应该实行德智体"三育并重"，使"体力"与"心力"全面发展。随着我国综合国力的增强，体育事业不断发展，国人对健康认识的深化和对健康需求的扩张，"全民健身"等思想正逐渐走到广大人民群众的生活中来。对于在校的大学生来说，他们作为参与体育锻炼最主要的群体，有必要对体育锻炼持有认真的态度。

第一节　高职学生

　　高等职业教育，简称高职。高职属于高等教育，是职业技术教育的高等阶段，高职教学更加偏重于技能教学。高职教育由省政府管理，省政府会在国家政策的指导下，根据实际需要，结合就业状况等，每年进行招生。高职学生，即高职院校里的学生。

一、新时代的高职学生

　　高职学生在现代人群中是一个特殊的群体。高职学生正处于青春期，以独生子女居多，家庭贫困的学生也不少，每个学生心理、生理的发展都存在着不平衡、不稳定性的因素，极易受到外界环境的影响。一些高职学生受社会不良风气的影响，容易产生不思进取、懒散的思想，严重的甚至参与不正当活动。同时高职院校学生学习任务紧张而繁重，竞争也相当激烈，长期紧张可导致神经系统的功能紊乱，相互攀比还会造成无形压力，而这种压力持续过久就会影响身体健康。学生渴望用一种手段或方式摆脱学习生活所带来的压力。

新时代高职学生拥有越来越多可自由支配的空闲时间,但大多数时间被游戏、吃喝等占据,这极其不利于学生身心的发展。新时代高职学生进行休闲体育活动的时间也逐渐增多,提高他们休闲体育活动的质量对于当代大学生学习专业知识,提高身心素质有着重要意义,高职院校既有实施休闲体育的必要条件,也有实施休闲体育的必要性,这决定了大学阶段是实施休闲体育教育的最佳阶段。因此,各高职院校应该高度重视休闲体育教育,并大力推行休闲体育。随着社会的进步,人们的文化生活水平在不断提高。休闲体育是一种以缓解压力、恢复体力、娱乐身心、调节情绪、强身健体为主要目的的健康科学的生活方式,现已进入我们的生活并成为人们日常生活中不可缺少的内容。

二、高职学生特征

(一)行为特征

人的行为可分为外显行为和内在行为,外显行为是可以被他人直接观察到的行为,如言谈举止;而内在行为则是不能被他人直接观察到的行为,如意识、思维活动等,即通常所说的心理活动。高职学生的行为具有自发的、有原因的、有目标的、可持久的、可改变的等多种特征。学生行为是学生在生活中表现出来的生活态度及具体的生活方式,它是在一定的物质条件下,不同的个人或群体,在社会文化制度、个人价值观念的影响下,在生活中表现出来的基本特征,或对内外环境因素刺激所做出的能动反应。

(二)思想特征

在思维类型上,他们很多人数理逻辑思维表现相对较弱,因而数理成绩普遍较差。而动作思维、形象思维、直觉与灵感则表现出相对优势,因而他们在以动作思维为特征的体育运动、操作活动上的兴趣及能力较强,在以形象思维为特征的文学艺术上的兴趣及能力较强,对自主活动的兴趣大且有一定的创造性。他们思维的理性较弱而感性较强,习惯于直观形象地看问题且想象力丰富,也不乏思维的直觉与灵感,因而也不乏创造性。

(三)智能特征

按照美国发展心理学家霍华德·加德纳(Howard Gardner)的"多元智能理论",高职院校学生以认知为主的"智商"表现并不突出,即主要是数理逻辑智能相对较弱,因而理科成绩相对较差,而以情感、人格、协调能力为特征的"情商"表现较为突出。一般语言智能、音乐智能、身体运动智能、空间智能、人际交往智能和自我认识智能等方面各有特色。文、史、艺术类成绩相对较好,操作活动及动手能力较强,尤其活泼好动、喜好交际,给自己在社会上的定位比较实际,有利于从基础工作开始实现自己的生存与发展。在学习习惯上，一般在技能训练与实践活动中积极性高且习惯较好，而在文化知识的学习中有些人目标性、主动性不够，不同程度地反映出怕困难、怕吃苦、应付考试的现象。他们动作与形象思维比抽象逻辑思维要强，感性认知强于理性认知，"情商"强于"智商"。这是一种比较优势。正如蒲松龄所谓"痴于书，其文必工；痴于艺，其技必良"，他们大多是倾向于技术而不是倾向于学术的人。智能类型是因人而异的，只要充分开发，就能有所成就。

（四）素质特征

根据上述高职学生素质结构及发展模型，从专业素质与全面素质两大部分来看，高职学生专业发展有缺陷。因为他们高中阶段的文化基础不太扎实，学习习惯也有问题，所以学习专业知识的深度有限。但他们全面素质发展有潜力，很多人能在各自不同的优势方面形成自己的专长与特色。

从全面素质的构成要素来看，高职学生系统的科学知识基础差一点，但身心素质、人文素质、劳动技术素质基础并不差。他们过去少有"优秀学生"的耀人光环，没有荣誉的负担，经得起挫折和失败的打击。只要有机会，他们就会争取长远的发展。从素质的发展层次来看，高职学生书本知识认知能力较差，但他们很多人思想活跃，敢想敢干，社会适应性好，活动能力素质与创造性较强。加之他们做有兴趣的事时，放得下架子，丢得起面子，往往能够获得成功。只要加强专业实习实践，在专业拓展上下功夫，他们完全能够扬长避短取得成就。

（五）情感特征

有的学生理科可能稍差，但感性体验能力强，不少人是跟着感觉走的那一类。许多学生容易接受新思想、新信息、新技能、新知识、新观态，且情感丰富、善结人缘、善于交际，富有集体荣誉感和社会同情心。同学中舍己为人的感人事例层出不穷，事业有成的老校友回校招收毕业生共同创业的也大有人在。

大多数学生表示喜欢参加各项文体活动。这反映出学生不太爱书本，因而理论与书本知识不太扎实。但他们喜爱活动，在文艺、体育、校园文化、学生社团、社会实践等一切有益的活动中积极性与热情极高。在活动中团队精神、人文、社会与生活知识、生存本领及人格气质都能得到锻炼与发展。高职院校的生源多元化，不全是高考一条线录取进来的，和普通重点高校显著不同，学生组成复杂、基础较差，大多经历过高考的挫折。在"精英教育"的观念和体制之下，较为普遍地存在着生活目标、学习信心、专业兴趣、自制能力等方面的问题，这些都严重影响了他们的成长进步。要帮助他们解决这些问题，必须在调查研究的基础上，对他们的行为表现、素质特征进行具体分析，从而确定正确的教育导向，最终达到高等职业教育的培养目标。

三、高职学生的生活质量

在社会发展的新时代随着学校的发展,学生的生活水平日益提高,有了更多的闲暇时间。一方面,自 1995 年起实行五天工作制,1999 年 10 月起又实施"春节、五一、十一"三个长假日,2007 年国家法定节假日又做了进一步调整,再加上寒暑假,学生的节假日有 100 多天。随着信息时代的发展,手机、电脑等电子设备的快速发展,大学生面对面沟通和交际的时间大为减少,这也为休闲体育的发展创造了更多的空余时间。另一方面,随着"全面建设小康社会"的推进,产业结构将发生重大变化,各类服务性产业将占到越来越多的比例,内需的扩大也就相应增加了休闲体育产业的发展机会。与此同时,人们越来越注重自身的全面发展,也比以往更加注重健康的重要性,人们的休闲需求也呈现多元化的发展趋势。

高职学生有一半的人每天可以腾出两小时以上的时间进行休闲体育活动,同时,每天只有半小时休闲时间的学生非常少。并且,大学三年级学生的休闲时间要比大学一、二年级学生的休闲时间多,学业任务的多少是限制高职学生休闲时间的一个主要原因。因此,平常我们要合理地安排学习时间和休闲时间,注重劳逸结合。对于普通高职院校大学生而言,闲暇时间就是除了学习、生活等必需的时间之外,可以按照个人意愿支配的自由时间。结合大学生的具体情况,将高职院校大学生休闲体育界定为:在闲暇时间内,大学生为了身体健康和愉悦身心等目的而自主选择和自愿参加的各种体育活动。高职院校休闲体育为学生当前在校期间的学习和生活提供直接的和间接的精神动力,也为其日后养成良好的生活习惯奠定坚实基础,对高职学生而言,高职院校开展休闲体育具有必要性。

新时代高职学生有更多的休闲时间,即新时代高职学生有更多参与休闲体育活动的时间。这是学生个人拥有的不受其他条件限制的自由时间,休闲时间是休闲体育活动形成的必要条件,而高职院校必须配合学生的休闲时间,推行大量的休闲体育项目,供广大学生参与。

休闲对改善和提高人们的生活质量的作用日益凸显,近年来我国休闲体育快速发展充分反映出国人生活质量的不断提高,休闲体育向人们展示的丰富多彩的内容,已经远远超过了前人一味追求物质利益的生活方式,对提高生活质量起着积极的作用。休闲体育能满足人们追求生活质量的需要。当今社会,人们需要回归自然。人们喜欢在闲暇时间走进大自然,走进开放的空间,头顶蓝天白云,脚踏青青绿地,徜徉于山川河流,穿行于山间林野,进行登山、攀岩、滑雪、冲浪、滑冰、自行车及徒步行等户外体育活动,也钟情于潇洒的高尔夫球、跌宕起伏的篮球、扣人心弦的足球、惊险刺激的蹦极、热烈欢腾的秧歌、舒缓优美的太极、悠闲从容的散步。魅力无比的休闲体育项目,给我们展示了一幅幅优美的画卷,为提高人们的生活质量提供了丰富内容,也提高了人们对休闲体育本质的认识,形成生活中的体育。

近年来我国休闲体育伴随全民健身活动开展得如火如荼。浙江杭州正在打造"休闲之都",构建"15分钟健身圈",休闲体育已成为当地全民健身的重要内容,并具有鲜明特色。西湖泛舟、岸上垂钓、舞龙凤、赛龙舟等群众休闲体育活动在水上、山上、广场上,西湖边、钱塘江边、运河边办得如火如荼。上海佘山国家旅游度假区已成为海内外游客体验时尚运动、休闲度假的胜地。成都的双流高端体育赛事集聚区、温江时尚运动体验休闲集聚区、都江堰—龙池·虹口山地户外运动集聚区、新津水上运动集聚区以及大邑西岭雪山冰雪运动集聚区等极大地丰富了休闲体育的内容。现代社会,休闲体育的内涵和界定又扩充了新的内容,更加突出以人为本,注重人的健康和快乐。过去人们参加体育锻炼,从参与的动机到项目的选择,以及健身方案的制订,主要围绕身体健康或某种特殊疾病的康复,侧重的是针对身体健康的锻炼模式。从一定意义上讲,这种锻炼带有一定的强迫性,有时甚至被视为一种任务或负担。而休闲体育是在非劳动及非工作时间内以各种玩的方式,求得身心的调节与放松,强调的是一种自由体验,是心理的愉悦与满足,而不是强迫与负担。人们参与体育活动的目的不只是强身健体,同时还要通过个体自由的选择而得到心理的愉悦、精神的放松。这将在很大程度上改变人们进行体育活动的观念。新近的一项调查表明,我国体育锻炼人群的动机已由原来的单纯健身动机,发展到强身健体、改善精神情绪的双重动机。

休闲体育作为一种健康、科学、文明的休闲方式。是人们在空闲的时间里进行的,以一定的身体活动形式为手段而产生最佳心理体验的一种有意义的现代生活方式,人们不受限于活动的严格规定,积极追求内在的体验,使个人在身体和精神上都得到休息、放松和享受,在体育休闲中感悟到精神上的慰藉。

在国外,研究人员高度关注休闲和生活质量的研究。1980年,伊索·爱乐曾在他的研究中发现休闲和生活质量有非常积极的关系。1992年,戈比和凯立的研究再次表明:休闲与生活质量有密切的关系,休闲和生活质量由多种因素组成。凯立在1996年曾指出:生活质量包括自我的表现、同伴、健康、休息和放松、结交新友、探索自然和家人关系等。美国人希望拥有缓慢的生活节奏、灵活的压力、更短的工作时间及更多的假期。曾有资料显示有90%的美国人最希望的是每天能与家人待在一起;有70%的美国人希望放慢生活的节奏,拥有更休闲的生活。由此可见,休闲是最为重要或比较重要的决定生活方式和心理健康的因素。美国学者卡罗斯在研究社区的休闲体育时指出:休闲体育的首要功能是提高生活质量。休闲体育能减少人的压力,给人以情感上的满足,带来愉悦的社会交往,培养良好的社区适应能力等。同时休闲体育有利于个性的发展,更符合人性化的要求。我国著名休闲学者马惠娣在参加2013年国际休闲社会学术会综述报告中介绍:专家普遍认为,形成良好的休闲生活方式不仅可以决定你的生存和生命质量,而且可以远离或者减少来自身体的、心理的、精神的、情绪的疾患,休闲可以在健康与幸福中保持平衡。很难想象一个没有休闲生活的人能够在身体、心理、社会和精神等诸方面有良好的健康状况和幸福指数。

休闲是人的生命活动的组成部分,是社会文明的重要标志,休闲体育所倡导的走进自然、娱乐身心、放松心情、释放个性正是人本思想"回归自我"的最好阐释。休闲体育能扩大个人生活的空间,使人在与自然的沟通和交流中,可以敞开心扉表达自己的情感,因而体育成为一种"无限的自我发展"的手段。通过体育拥有完美的人性和完美的生活,对提高和改善现代社会生活中人们的生理、心理和社会健康水平具有非常重要的意义,这也是提高生活质量的最好体现。关心健康,热衷健身,积极投身丰富多彩的体育健身活动,已经成为人们对于生活方式的一种健康时尚追求。

四、休闲体育与生活质量的关系

休闲体育具有内容丰富、自由度大、随意性强、趣味性高、参与面广等基本特点。它是人们主动地、愉快地从事某种身体活动的一种休闲方式,以达到自我实现、满足个人愿望。其直接目的在于健身、娱乐或康复医疗,最终目的是增进身心健康。人类创造了体育,自然应该用它来造福人类。

（一）休闲体育促进身体健康

一方面科学技术革命的不断深化和社会生产力的不断提高,使得脑力劳动的比重逐渐加大,新的生产方式造成现代人深受机能退化性疾病的危害。另一方面,我国传统的温和、闲适、恬静的生活方式,使得人们普遍运动不足。1993年《中国体育报》在对全国100多家大中型企业职工的调查中发现:20.1%的受访者"一般不"(每月一次)或"不锻炼",有30.5%的人每天进行体育锻炼。浙江省体委群体处的资料显示,全省经常参加体育锻炼的人不足总人口的37%。另研究人员对我国10个省、市20余所大专院校、科研机构的1万多名中高级知识分子近期死亡原因的资料统计,平均患病率为59.36%。国民的健康状况多么令人担忧。此外,现代社会生产方式和城镇生活模式,形成人们身心和生活环境的不平衡,出现了缺乏运动而引起的种种"文明病"。大量的实践和科学研究表明,经常参加体育活动,是强身健体、拒绝现代文明病的最佳良药。在闲暇时进行体育活动,既可使疲劳的身体得到积极的休息,使人们精力充沛地再投入工作,又可使体质增强、体格健壮、精力旺盛,从而使工作效能提高。因此,要自觉积极参与休闲体育活动,要认识到健康的身体是提高生活质量的首要条件。社会的发展和进步,不仅仅在于物质文明的发展和进步,而最根本的是人类自身的发展和文明,其中就包含着人类身体素质和健康水平的提高。

（二）休闲体育展个性、健心理

现代人生活日趋紧张，压力明显增加，长期的抑制会导致心理上的疾病。目前，我国国民的心理健康状况不容乐观。国家教委 1989 年对全国 20.1 万大学生的抽样调查结果表明：19.96％的人有不同程度的心理健康障碍。1994 年广州市穗港澳青少年研究所对广州市 4 个区 1000 多名学生的调查表明：49.8％的中学生有心理危机。可见，人们的心理健康状况已极为严峻，如果不采取科学的措施或方式来转移或淡化人们工作、学习和生活中的压力，人民的健康身体素质必将下降，生活质量也难以根本性地提高。休闲体育活动由于游戏性强、趣味性高，所以可放松身心、舒缓压力，使情感得以宣泄。实验表明：有氧锻炼有利于成年女子保持较好的身材，保持健康的心态，没有进行有氧锻炼的则整体情绪状况较差。适合民众需求、突出趣味性是开展休闲体育的关键。休闲体育的内容可选择群众喜闻乐见的活动项目，在这方面，浙江省杭州市不乏成功经验，如江城居委会举办的趣味运动会上，有个"妻子背丈夫"的项目，使得运动会充满了乐趣；米市巷街道根据十二生肖的特性，组织了鼠儿跳、马儿跑、牛儿拖的趣味比赛，深受广大群众的欢迎。杭州市社区体育的成功经验值得借鉴和推广。休闲体育活动的乐趣化不仅体现在活动项目上，更重要的是展示参与活动者的自主性。由于休闲体育的活动项目和活动强度都是自主选择的，所以能最大限度地满足个人的欲望。在休闲体育活动中，个体的积极性、创造性、自主性都得到充分的发挥，从而增强了自信心，使人在融洽的氛围中获得健康和谐的发展。社会群体有了众多的健康个体，才能形成良好的社会行为。因此，休闲体育活动不仅有益于个体的发展，而且对社会的进步都具有根本的意义。

（三）休闲体育提升社会关系

在都市化的环境下，人口集中在狭小的社区或公寓里，人与人之间的关系，在"自扫门前雪"的不良观念下，往往会疏远了。但运动场合与一般社交场合不同，它不但提供了人们相聚和交流的机会，而且强调人们亲身投入和参与。在运动环境下，因为有着共同的喜乐和痛苦，人与人之间很容易产生共鸣、达成共识，从而增进彼此间的信任和爱护。因此，开展社区体育、职工体育、农村体育、学校体育，在体育活动中，人们彼此间紧密地配合，真诚地交往，对于密切人际关系起着积极的作用。如杭州松下金鱼电器集团的一名女职工，在骑车去参加木兰拳排练的路上，不幸摔成骨折，不能参加比赛，但她说："我不能上场了，可我还能在场下替大家看衣服。"休闲体育就是这样把无数颗心紧紧地凝聚在一起。每项体育活动都具有其特定的规则。它们所具有的竞争性、公开性、协同性等特点，有益于人们形成遵纪守法、公平竞争、团结互助、自治协同、乐观向上等品质和开拓进取的精神。不仅如此,当体育场所里个体和群体在交往与比赛时,自然地形成团体或企业增强凝聚力的巨大磁场。如广州市越秀区洪桥街开展的经常性的体育活动很有特色,体育活动增强了街内企业、街坊的凝聚力,为连续三次被评为"文明街"做出了贡献。

(四)休闲体育助社会安定

我国社会人口的闲暇时间总量很大,但由于生产率低、物化速度慢,闲暇文化设施还不能满足人们的需要,又由于国民普遍的消费能力还处于较低的水平,多数人对高档的娱乐场所不敢问津,而一般的活动空间又贫乏。于是,有些人在闲暇时间里百无聊赖,欲其乐而无其所,产生许多消极的情绪,甚至不文明的行为。国内外有关调查显示,人的越轨和犯罪行为大多在闲暇时间内发生。当前,青少年犯罪率激增,如果引导他们从事正当的休闲体育活动,既无须太多的经济支出,也会对减少社会犯罪率,缓和社会矛盾起到积极的作用。据报道,顺德区陈村镇领导把体育用于社会治安综合治理,使犯罪率减少了 23%。休闲体育是一种积极、健康、文明、科学的休闲方式,在闲暇时间里从事体育活动,可以促进个体的身心健康、满足个体需求,有利于建立完整的人格;端正人们的人生态度,养成良好的道德情操;充实人们的文化生活,提高人们的文化水准,改善社会风气,使人们的生活质量得到有效的升华和提高。所以,休闲体育必将成为一股潮流,使追求美好生活的人们,都投身这股浪潮。因此,不同年龄、不同性别、不同消费水平、不同环境条件的人们如果都能科学地进行休闲体育活动,使休闲体育为提高人们的生活质量而服务,就能真正提高生活质量。

五、高职学生对休闲体育的态度

我国正处于信息化的时代,由于科技的进步和发展,体力劳动逐渐被脑力劳动所取代,人们的业余时间也逐渐增多,如何合理利用业余时间,成为人们迫切需要解决的问题。休闲体育进入了人们的视线,在体育活动中人们能够寻求到休闲的愉悦和快乐。休闲体育在不断地发展和完善中已逐渐地融入了人们生活的各个角落。社会发展的历史表明,当社会进入普遍有闲和有钱的阶段时,人们的休闲需求就越具有多样性和多元性。新时代有三种重要的休闲方式,即旅游、运动、阅读。可见体育运动在人们的休闲生活中具有多么重要的位置。近年来关于体质健康水平的相关测试统计结果显示,我国高职院校学生的身体素质呈下降趋势,这种不乐观的结果需要人们反思,也让一些高职院校中的师生开始意识到自己的问题,并参与到体育运动中进行自我锻炼。

认知在某种程度上影响着个体的行为态度,人对事物的认知态度和认知行为的关系是十分紧密的。可见个体对事物的认知心理倾向与情感倾向是一致的。表

1-1 是对浙江省高职学生参与休闲体育的态度的统计。

表 1-1　浙江省高职学生参与休闲体育的态度统计情况

态　度	人数	有效百分比（%）	累计百分比（%）
非常重要	175	17.26	17.26
重要	350	34.52	51.78
一般	282	27.81	79.59
不重要	110	10.85	90.44
非常不重要	97	9.56	100
合计	1014	100	

从表 1-1 可以看出，有 17.26% 的高职学生认为参与休闲体育是"非常重要"的，有 34.52% 的高职学生认为参与休闲体育"重要"，两者合计达到 51.78%，说明浙江省高职学生已经认识到参与休闲体育的重要作用和价值。然而，认为"不重要"和"非常不重要"的占 20.41%，所占比重不大，但也要引起重视。在高职体育教育中，要让每一个学生都能从学习中受益，这既是学生的权利，也是贯穿体育与健康课程的一个基本理念。

高职学生对休闲体育的价值观较差，目前大部分的学生还没有完全认识到参与休闲体育对自己身体健康和生活将带来多大的益处。目前的高职学生往往处于青少年阶段，身体处于"最健康的年龄段"。所以很多学生不重视身体锻炼，对参加休闲体育锻炼的重要性和兴趣不足。但是很少有人意识到现在不好的生活方式，如长期打游戏、学业压力大和高脂饮食等都正在损害着自己的身体，慢性疾病，如高血压、Ⅱ型糖尿病和心血管疾病逐渐年轻化。对休闲体育重视程度不够和兴趣不足制约着高职休闲体育的开展。

第二节　休闲体育

休闲体育是社会体育的组成部分，是指人们在闲暇时间以增进身心健康，丰富和创造生活情趣，完善自我为目的的身体锻炼活动。休闲体育具有时代性、自然性、自发性、参与性、选择性、灵活性、愉悦性、时尚性、多样性、自由性、文化性、非功利性和主动性等诸多特征，对增进健康、强健体魄，预防疾病与康复，提高文化素养与精神文明建设，丰富生活内容与加强人际关系，以及促进人的社会化与个性形成等都有重要意义和作用。

一、休闲体育概念

所谓休闲，就是在工作和学习之外的时间，人们为达到放松身心所进行的各种娱乐活动。随着生活水平的提高，人们可选择的休闲方式越来越多样，休闲的意义内涵也不断发生变化。不过，休闲的重点仍然是放松心情、舒缓压力。合理健康的休闲方式能够帮助人们全方位调节体能、智力与情感。作为帮助人们缓解压力的重要生活方式，休闲体育能够提高人们的生活质量。体育是人们在生产活动中逐渐形成的以身体实践活动为主的文化形式，需要人们直接的身体参与。不过，体育的目的并不是娱乐，而是促进人们身心健康发展。随着生产力的提高，人们的闲暇时间不断增多，休闲活动也逐渐为人们所接受，并发展为现在的休闲体育运动。

对于休闲体育这一概念的理解，不同学者持不同的观点，大体上对其界定应具有的几个特点达成了共识：

（1）主要用时间的范畴来界定，认为是在社会劳动和维持生活必需所用时间外的空闲时间进行的体育活动；

（2）将其划归为群众体育范围，认为是广大人民群众在工作、学习之余开展的群众性体育活动；

（3）强调人们的心理体验，认为是人们利用闲暇时间，主动地、愉快地从事某种身体活动，以达到自我实现，满足个人愿望等目的的一种休闲形式。

虽然对其界定特点达成共识，但至今没有形成一种大家均能接受的定义。卢锋老师在休闲体育学中给出了这样的定义，他认为：休闲体育是在相对自由的社会生活环境和条件下，人们自愿选择并从事的各种形式的体育活动的统称。

广义的休闲体育运动是指具有娱乐和休闲功能的各种体育活动，和其他类别是对立统一的关系。最大程度上促使人类的运动能力提升以及不断推动人类挑战运动极限是竞技体育的目标所在，倘若竞技体育的某些项目能够运用到休闲生活中，也可称之为休闲体育运动。体育教育是指对受教育者进行运动技能教育和运动知识教育，进而促使受教育者掌握一些体育锻炼方法，学会一些体育项目的运动技术，受教育者学会的运动技术和运动方法有利于其养成良好的休闲活动习惯，最终有利于受教育者进行终身体育锻炼。大众体育是指具有健身特征、娱乐特征以及社会交往特征的群众性的体育活动，大众体育和广义的休闲体育运动大体相同，可将休闲体育运动看成大众体育的一个组成部分。

人具有三个属性：其一，人的自然属性：人是自然中的一员，和其他生物一样，需要游戏，需要运动，需要与自然融为一体。其二，人的社会属性：人是需要社会交往的，并通过社会化的舞台逐渐"成为人"。其三，人的精神属性：这是人类区别于其他生物所特有的属性。这种属性决定了人不仅要有正常的生理需求，更重要的是要有文化精神生活。一个健康和合理的社会应当是物质财富和精神财富协调发展的社会。

体育运动是人们选择休闲的一个重要方式。休闲体育具有大众性、普及性、多样性、多元性、娱乐性、健身性、即时性、闲适性等特点,不仅能够改善与发展人们的身心,而且对提高人们的身体机能具有十分重要的积极影响。因此伴随着休闲活动的不断发展,休闲逐渐被人们所接受,并且发展为一项人们喜闻乐见的休闲生活活动。伴随着体育运动在人们闲暇生活中深入程度的不断加深,休闲体育运动已然成为体育运动中相对独立的领域之一。休闲体育的种类也多种多样,如户外运动、室内运动、宣泄运动、表达运动、养生运动、健体运动、探险运动等。休闲体育的价值可以体现在多方面,诸如个体生命得到锻造与锤炼,促进人自身的和谐——身心、脑体、张弛、动静、劳闲的协调统一;促进休闲生活结构多元化,增强个人与家庭的和谐关系;改善人的健康状况,降低维护健康的成本;自我支配的自由时间有了更好的选择。

二、休闲体育起源与发展

(一)起源

中国古代对"休闲"二字就有极精辟的阐释,"休",倚木而休,强调人与自然的和谐;"闲",闲暇,悠闲,安静。从身体状态来讲,以休息为主,可以是静态的,也可以是小量体能消耗的,促进身心放松;从活动内容来讲,可以是以欣赏、观光为主,也可以是互动的;从休闲目的来讲,主要是指一段时间工作忙碌后,在一定环境里的休憩,达到生命保健、体能恢复、身心愉悦的目的。

休闲是近代工业文明的产物,进入20世纪,随着科学技术的快速发展,与休闲相关的产业便逐渐应运而生,到20世纪70年代进入快速发展时期。马克思认为:休闲一是指用于娱乐和休息的闲暇时间,二是指发展智力,在精神上掌握自由的时间。休闲体育是人们在闲暇时间里,以体育运动为载体,以参与体验为主要形式,以促进身心健康为目的,并提高自身生活格调与品质的社会活动。休闲体育涵盖人的行为、公共服务、经济消费等,具有文化的、健康的、经济的多种社会属性和价值,带动基础产业建设、生态环境改善和相关产业发展。发展休闲体育,将推动人民树立健康生活方式,增强健康意识,养成健康运动习惯,将被动健康转为主动健康。

体育作为人类文化的重要组成部分,是随着人类社会的发展而逐渐形成和发展起来的。据史学家和考古学家的研究,人类早在原始时代就把走、跑、跳跃、投掷、攀登、爬越等作为最基本的生产劳动和日常生活的技能和本领传授给下一代。这是人类教学的萌芽,也是体育活动的萌芽。体育的发展与教育、军事、科学技术的发展,以及人们的宗教活动、休闲娱乐活动有着密切的关系。

由于人们所处的自然环境、社会环境不同,客观上造成了宗教派别的多样化,从而导致了祭祀竞技项目、祭祀运动形式的多样化,如古希腊时代的祭祀竞技不仅孕育了古代奥运会,而且产生了许多地方性或全希腊的运动会,如祭祀阿波罗的皮托运动会、祭祀海神波塞冬的伊斯特摩运动会、纪念英雄赫拉克勒斯的尼米亚运动会及全雅典竞技会等。这些远古的运动会不但孕育了现代大型运动会,更赋予了体育竞技神圣的文化内涵,使体育不仅仅停留在竞技层面的肢体对抗,从其神秘的宗教色彩中所衍生出的圣洁、和平、自由的理想是人类永远追求和向往的,成为人类珍贵的体育文化财富。

我国历史悠久,文化底蕴深厚,对世界休闲体育的发展和研究起到了很大的推动作用,从皇亲贵族浩浩荡荡的休闲出游到民间大众的三两相邀结伴踏春,无处不体现出从上到下的全民休闲。休闲体育对民众的影响无处不在,中国封建社会对休闲体育的重视程度,远远大于现代社会对竞技体育的重视程度。由于中国人的含蓄、内敛的个性,国人更倾向于休闲体育,但随着改革开放,思想的解放为休闲体育的兴起解开了观念的束缚,文明、健康、科学的体育生活方式正在形成,新型的、现代化的体育生活内容越来越受到人们的认同和肯定。人们的体育生活方式已从以往的健身为主的单一形式,走向娱乐、消遣、健身、交际并举的多元形式。伴随着经济的不断发展和制度的不断完善,还有人们观念的不断转变,我国正逐步由体育强国转变为体育大国,国家也开始逐步向大众体育倾斜。经济的崛起促进了休闲体育在我国的兴起,这种兴起与发展不仅成为个体发展的需要,也成为社会发展的需要。但是我国休闲体育的研究起步较晚,而且尚没有形成系统的理论。笔者检索中国知网2001—2017年有关休闲体育研究的文章结果共计102篇,发现大多数文章,只是对休闲体育的概念、发展的现状及趋势等做了辨析研究,对休闲体育的发展激励及系统理论方面研究较少。国外许多高等学校都设置了与体育休闲娱乐相关的专业,其学科体系相对完善,而我国14所专业的体育院校中仅有7所开设了与休闲体育有关的专业。最早开设休闲体育专业的院校是武汉体育学院和广州体育学院,时间在2007年2月。由此可见,休闲体育在我国起步较晚,进入高职院校的时间相对较短,这对休闲体育的研究、推广和普及都是不利的。

(二)发展

自休闲体育产生以来,它作为一门专门学科在欧美发达国家得到了突飞猛进的发展,并在很大程度上改善了人们的现代生活方式和观念,随着休闲体育的普及,它也逐渐被我国所重视。中国学者对休闲体育的研究不断深入和成熟,并逐渐走向系统化、细致化和实用化,并在全民健身计划的发展中带来积极的影响。在政府颁布的《全民健身计划纲要》指导下,我国的全民健身运动取得了一定的成绩。

随着人们闲暇时间的增多和经济条件的改善,休闲体育运动为全民健身运动创造了更多的机会,主要体现在以下几方面:

1. 休闲体育组织的扩充

中国政府高度重视"全民健身计划"的制订,因此在群众体育的政策制定、指导文件和宏观管理方面都做出了较大的努力。从社会文明的发展规律和历史进程分析可知,休闲体育组织应重视多元化,另外休闲体育的运动特点和内涵也决定了休闲体育运动组织的自主性和自由性。例如,从体育组织形式的发展考察可知,2010年的体育组织活动多是由社区活动为主,而在2016年体育组织形式排在第一位的则是由朋友和同事自发参与的活动,而由社区组织形成的体育活动则排在靠后的位置。可见,随着全民健身理念的不断深入,人们的休闲体育参与意识不断增强,公共休闲体育服务质量也不断提高,人们不再为地点、设施和时间所约束,因此自发组织的体育活动越来越多,从而满足个人的不同休闲体育爱好需求。其中有同事、朋友和体育俱乐部参与的休闲体育活动持续增多,成为主要的群众体育活动。

2. 休闲体育活动项目的扩充

据调查,2016年我国体育人群对项目的选择主要有步行、慢跑、羽毛球、篮球和足球,所参与的体育项目多达20个。休闲体育运动的普及和发展为我国全民健身活动创造了丰富的运动内容和空间,不仅可以使人们亲身参与体育运动,还可以欣赏体育竞赛,体育运动项目由单调的个人散步运动等逐渐扩展到多种运动项目,如球类运动、徒步旅行、游泳、户外拓展、器械健身,甚至电子游戏等。

3. 休闲运动参与人群的扩充

休闲运动的目的主要是在提高身体健康水平的同时娱乐身心,无论休闲群体的参与目的、群体阶层、经济基础如何,都会从参加休闲运动中受益。因此休闲体育运动需要建立在高质量的服务保障和管理保障基础上,从而引起更多体育爱好者的注意力,形成庞大的参与群体。这样的目标需要高质量的服务和管理,同时也可以吸引更多的人从事休闲体育活动。调查结果显示,2016年我国的青少年锻炼人群呈现不断的上涨趋势,休闲体育参与人群中老年人的比例最高,占人数的75%,由此可见,休闲体育凭借其特点和价值将吸引更多的群众自发参与。

休闲体育的发展趋势是更加休闲化和娱乐化,同时更好地融入人们的日常生活当中。我们可以发现,随着经济的发展,人们生活条件和经济状况的改善,人们对体育运动的渴望将日趋强烈。体育运动对人们生活的积极调节作用也必将进一步表现出来。而休闲运动正符合了人们这一体育生活化的要求,其发展方向必然是更加大众化和生活化。国家政策对体育事业的进一步倡导和支持,将更有利于体育的推广和开展。体育组织包括各级民间体育组织,从世界范围来看,发达国家有大量的体育组织来发展体育事业,这是一个事物发展的必然趋势,休闲体育也并不例外。体育旅游和赛事旅游也将进入中国人的家庭,随着经济收支比例的新变革,人们的消费观念的转变,人们通过观看比赛来休闲的生活方式必将兴起。此外体育相关产业也蓬勃发展起来,如滑冰鞋、运动服等用品的热销。最后,也是最重要的,就是大量的民间体育俱乐部兴起,一方面组织体育活动,另一方面为体育参与者提供了活动的空间。

人们休闲时间也逐渐增多,通过休闲运动、放松身心来提高生活质量成为一种新潮流。休闲体育在我国虽刚刚起步,但是辐射出来的巨大能量将注定它是社会发展的必然结果。高职院校的体育教育根本目的是培养学生体育运动技能,以及科学锻炼身体的能力和习惯,最终形成终身体育的观念。而进行休闲体育教育,不仅符合社会的发展,也符合当代大学生的身心发展特点。因此,高职院校进行休闲体育教育,是社会发展的必然趋势。

体育具有竞技、游戏、娱乐、健身等多种特点和功能,这些特点和功能无论是现在还是将来都对人有着积极的影响。在人类社会漫长的进化过程中,体育同时也经历了原始体育、古代体育、近代体育、现代体育的发展历程。无论在哪个时期,休闲与体育从来都保持着密切的关系。现代休闲体育大约在 20 世纪 70 年代中期起源于以美国为首的西方发达国家。随着经济不断发展,生活节奏不断加快,工作压力不断加大,人们对休闲的要求也就越来越强烈。西方发达国家将体育与休闲密切地融合在一起,并且把它市场化、产业化,使得休闲体育作为一种产业在短时期内得到迅猛的发展。我国学者把休闲体育概括为一种建立在休闲的基础上利用人们的闲暇时间,以增进身心健康,丰富和创造生活情趣,以完善自我为目的,同时结合各种各样的体育活动来达到身体锻炼和身心放松的活动。

(三)趋势

1.自然性和户外性

休闲运动的自然性和户外性将成为休闲体育运动的核心发展趋向。主要是指人们走出传统的体育课堂、体育场馆和喧嚣的城市,走向大自然,贴近大自然,融入大自然。户外休闲体育运动有多元化、大团体、无支付、空间大等特点,这种休闲方式突破了传统休闲运动的理念,概念方面也与其具有较大的差异性,虽然具有相似的运动价值,但是在心灵感受和情商培养方面的功能更加显著。更多的人选择离开城市回归自然,远足、骑车、爬山,从而贴近大自然。户外运动是人们对大自然的一种渴望,一种追求,是追求人与自然和谐统一的现代文明。城市群体对户外具有独特的向往,在工作和学习之余,带着一颗渴望自由的心投入大自然的怀抱,感受不同于城市的纯净的自然风景,呼吸新鲜空气,体验运动挑战。最受欢迎的户外休闲体育运动有郊游、野餐、激情漂流、洞穴探险、定向越野、野外生存、滑雪等。

2.刺激性和极限性

人们在快节奏的生活和工作压力下,往往寻找一种方式排压和放松,因此对休闲运动的刺激和极限运动的追求就越明显,通过身心极限活动的尝试来获得惊险刺激。例如悬崖跳水、蹦极、攀岩、冲浪、探险等休闲运动都充满了未知的探索和刺激感,产生了"后工业时代"主张极端休闲的强烈冲击的新思路。世界休闲体育运动的发展现状的分析结果显示,极限运动在人们的休闲体育活动中占据很大的市场,在美国、英国、法国、澳大利亚等发达国家,多数人选择冒险刺激的休闲体育运动,并演变成一种休闲与娱乐时尚。可见,休闲体育运动也有趋向于刺激和极限化的发展方向。

3.健康性和生态性

休闲运动的健康和生态化是指将生态与休闲两种元素相融合,注重自然生态,注重人与自然、人与社会的和谐发展,强调人与心的整体协调发展。它不仅是一种可以保护自然和保护生态环境的休闲形式,还是一种新的生活方式和对生活的态度。毫无疑问,许多现代形式的休闲牺牲了自然,牺牲了资源,牺牲了生态,人们也为此付出了惨痛的代价。旅游业的快速发展,不单单刺激了国民生产总值的提升,还对我们的生态环境造成了威胁,加大了水污染和生态破坏的风险。因此注重保护自然生态,避免休闲体育带来的生态危机,倡导可持续休闲运动理念已然是国内外大众达成的共识。在 21 世纪初,美国农业林业局制订了一项新的减少大规模收获的计划,倡导节约减排,公开新收费标准,为人们提供露营、远足、划船(从休息室开始)的新服务,这些服务与管理性措施都是建立在绿色可持续发展的基础上。人们以自由或娱乐的名义穿过沙漠、森林或海洋,对这些自然资源中的动植物栖息地和生存环境会造成一定的破坏,这样的问题在未来的发展中将逐渐减少,在地球上大量消耗非可再生资源的休闲体育运动,也越来越无法找到借口。另外,一些体育设施和用品的生产对自然资源造成了一定的浪费,这一问题也需要格外注意。针对此问题,世界体育用品工业联合会推出了生态体育运动,在业界积极推广运动鞋、滑板(滑雪)的循环利用活动。欧洲联盟和日本等国家为了推进生态计划,制订了环境教育等必修课程,强调对体育教练、运动员、游戏运营商、户外运动爱好者进行环境教育的重要性,并制定具体的指导方针,从而为生态体育休闲运动事业做出贡献。

4.新颖性和独特性

休闲运动的新颖性和独特性主要是指人们的休闲活动不符合现有的内容和方法,并不断转型、突破和创新项目手段。外国许多休闲教育融入人们生活中,目的是要人们了解何谓休闲,如何休闲,怎么放松加娱乐。另外,在发达国家人们的创新价值和理念是非常突出的,善于发现新鲜事物,追求独特的风格。因此,到目前为止,外国休闲运动的发展,除了一些常见的运动形式如足球、篮球、体育游戏、体育旅游等,还对运动形式和内容进行了别具一格的创新,从而满足不同个体的运动需求。如澳大利亚邀请鸵鸟一起参与休闲运动,日本踏石,英国赤足跑,瑞士投掷石头游戏,巴西俱乐部,马来西亚的钓鱼和捕捉鸭等活动,都充分体现出人们对休闲体育运动的创新开发。

三、休闲体育的价值

(一)休闲的价值

无论是作为生活方式,还是作为生活质量提升的标准,现代意义的休闲开始从边缘化状态进入现代生活,这不是偶然的,更不是孤立的。一方面,现代休闲的实现离不开人类整体价值观念从传统向现代化的不断转变;另一方面,休闲对于人类现代价值观念的发展同样具有重要的意义,其意义主要表现在休闲是对人的价值的重新认识和发展。在哲学价值论看来,哲学上的价值反映的是一定社会主体用来满足其需要和利益的手段、方式等,"它包括一切可以成为目的、理想以及可以成为爱好、欲望、旨趣之对象的东西"。现代意义上的休闲与人的存在、人的时间性、自由等哲学价值具有广泛而深刻的联系。通过在价值哲学层次上分析这些联系,我们不难看出,休闲不仅是人的价值得以实现的重要标志,而且作为人的价值的具体体现,其对丰富和提升人类整体生活质量的现代化具有重要的意义。

价值现象是人类生活的普遍现象,价值问题是人类与生俱来的基本问题。因此,每个具体的价值观念作为人的需要在现实生活中的具体体现,都与人的特定存在方式密切联系在一起。休闲也不例外。在人的现实生活层面,人的价值是以多种多样的形式表现出来的。那么,与人的存在紧密相连的价值,则是体现人的基本需要的基本价值,而这些基本价值往往"是相互联系的,并排列成一个优势层次"。而高级需要的满足更接近自我实现,它要求有更好的外部条件。在这个意义上,现代休闲观的兴起恰恰从一个侧面反映了人的价值由低到高不断实现的历史进程。休闲作为人类美好生活的一种体现,与知识、美德、愉快、幸福等不可分离,展现的都是休闲作为人的高级需要所体现出来的价值。在漫长的人类历史中,就价值的满足程度和可能而言,反映最低级层次的需要的价值,才是最重要的价值。这样,我们就不难理解,以劳动为核心的谋生作为人存在的最基本方式,始终居于价值生活的主导地位。相比之下,休闲作为一种较高层次的需要或高级价值,由于不具备普遍实现的客观条件,它在整个社会系统中就只能作为低级价值从属者或对立面的方式表现出来,即休闲或者作为调节、缓冲劳动强度的手段而存在,或者作为劳动的消极对象而存在。休闲作为人类的高级价值更多体现的是一种理想或精神境界,但这种价值要想得到实现,成为现实,就必须成为人类社会普遍存在的生活方式的一部分,即必须成为"日常生活的一部分",否则,只能是空洞、抽象的观念,或

"乌托邦"，或个别人的"特权"价值。伴随着社会的进步，休闲的意义也在不断地发生变化，休闲体育的价值必然也会不断发生变化；从不同的角度看休闲体育也会得出不尽相同的结论。

（二）休闲体育的价值

大众眼中的休闲时间，通常被认为是从属于工作时间以外的剩余时间，因此，休闲体育的价值主要体现在恢复体能和打发时间上。人们在闲暇中进行生活消费、参与社会活动和娱乐休息，这是从事劳动后进行身心调整的过程，和劳动的再生产及必要劳动后的体力恢复相联系。哲学家研究休闲，从来都把它与人的本质联系在一起。休闲体育之所以重要，是因为它与实现人的自我价值和精神的永恒密切相关。休闲在人的一生中都是一个持久的重要的发展舞台，是完成个人与社会发展任务的重要的思考空间。休闲体育本身是一种身体和精神的体验，是人与休闲环境融合的感觉，是人的社会性、生活意义、生命价值存在的享受。因而它的价值不在于提供物质财富或实用工具与技术，而是为人类构建一个有意义的世界，守护一个精神的家园，使人类的心灵有处安顿。休闲体育的价值不在于实用，而在于文化。它是有意义的、非功利性的，它给我们一种文化的底蕴，支撑我们的精神。著名经济学家于光远认为，不同的休闲方式需要不同的休闲产品和所需的服务，这就需要有为满足这种需要的休闲产业。在西方发达国家，休闲体育产业是国民经济收入的重要来源。休闲体育产业的发展促进了产业格局的变化，在休闲体育产业领域就业的人数占整个就业人数的比重相当大。在休闲体育产业在发展的同时，又会带动其关联产业的发展。不仅促进了物质生产以外的社会交往关系，而且促进了物质交往基础上产生的精神交往。

从审美的角度看休闲体育，它可以愉悦人的身心。建立于休闲体育基础之上的行为情趣，或是休息、娱乐，或是学习交往，它们都有一个共同的特点，即获得一种愉悦的身心体验，产生美好感。人与自然的接触，铸造人的坚韧、豁达、开朗、坦荡、虚怀若谷的品格；人与人的相互交往能变得真诚、友善、和谐、美好。休闲，还会促进人的理性的进步，许多睿智、哲学思想得以产生，如天人合一、生态哲学、可持续发展；人类的科学发现、技术发明都与休闲紧密相连。休闲，还为满足人生活方式中的许多要求创造了条件，通过欣赏艺术、从事科学研究、享受大自然，人不仅锻炼了体魄，激发了创新的灵感，还丰富了感情世界，坚定了人追求真善美的信念，体现人的高尚与美好的气质。"当人是完全意义上的人时，他肯定是在玩；人也只有在玩的时候才是完整的人。"人在玩中可以摆脱任何控制、压力、束缚、强制，当人完全沉浸在放松、自由的状态下时，人的创造意识就被极大地调动起来。

休闲从根本上说，是一种有益于个人健康发展的内心体验，而不用什么外在标准界定的具体活动。休闲体育如同其他任何社会活动一样，都是在具体环境中构造出来的,具有多层次性和多样性,存在许多自然因素,因而不存在一个对所有人都适用的休闲体育模式。休闲体育的效果取决于每个个体的经济条件、社会角色、宗教取向、文化知识背景及其他相关因素。因此,休闲体育对于不同的个体而言价值的大小是不尽相同的,而对于社会而言其价值又是具有共性的。

四、国内休闲体育文化发展状况

(一)我国休闲体育教育发展的状况

改革开放,使我国社会政治生活发生了巨大变化,人们对于生活品质的要求也越来越高,体育消费也从同质性、单一性向异质性、多元性进行转变,全民健身已经上升到国家战略高度。休闲产业将成为经济强国的重要产业,其中包括体育、旅游、健康等等,均与休闲挂钩。休闲体育进入人们的生活,为人们所喜爱,为社会所关注。它不仅是个体发展的需要,也是社会发展的需要,体育休闲化成为当今社会发展的趋势。如今国际上的休闲时代已经来临,作为第三产业的休闲体育产业,在国民经济中所占的比重越来越大;我国的休闲体育产业才刚刚起步,还有很大的发展空间,这需要多种政策引领发展。由于西方国家对于休闲的研究起步早,研究的领域比较宽泛,研究得比较深入,研究相对集中在休闲教育、休闲产品与服务开发等方面,我国的研究起步则较晚,而且尚没有形成系统的理论。随着中国社会向现代化迈进,休闲将成为影响经济、社会发展的重要问题。休闲体育产业化发展的春天已经来临,国家政策上的引导和扶持,民间资金的注入,人们思想认识上的进一步提升,休闲体育系统理论的进一步建立和完善,这些都为休闲体育的发展提供了条件上的可能。

(二)我国休闲体育发展的背景

全球化发展为中国带来西方先进的体育理念。全球化的今天,世界各国的联系越来越密切,在2001年中国正式成为世界贸易组织成员后,更多世界先进的思想和文化来到老百姓身边改善人们的生活,其中包括休闲体育理念。科技的迅猛发展带来了休闲需求的增加,科学技术的快速发展提高了生产力水平,也提高了人们的物质生活水平;信息时代的来临使人们对新事物的接受能力增强。同时,科技带来更高的生产效率,使人们拥有更多的休闲实践,也增加了劳动者所承受的竞争压力,这促使人们在休闲时间主动地寻求能够减轻心理压力的休闲方式。

(三)我国休闲体育发展的趋势

中国的休闲体育已成为社会文明和文化建设的重要部分,具有平民性、大众性的特点,已逐渐成为小康社会经济实力和社会进步的鲜明特征。休闲体育的发展趋势便是更加休闲化和娱乐化,同时更好地融入人们的日常生活当中。

　　国家加大对人民身心健康的关注度,让人民真正有自己的时间进行休闲活动。我国自 1995 年 5 月实行了每周 5 天工作制。近几年开始推行新的法定节日安排,在劳动节、国庆节、春节长假基础上增加了清明节、端午节、中秋节的放假天数,现在已有法定假日 115 天。人们可支配的闲暇时间增多,休闲体育消费的总量逐年扩大,提高生活质量、充分体验人生的观念越来越被大众所推崇。有句话说:"民族的,才是世界的。"中国五千年悠久历史所传承下来的文化不仅是本国的一笔宝贵财富,也是世界的一件珍宝。中国古代所提倡的射、御等礼仪教育,舞狮舞龙等节庆民俗、搏击武艺等,可作为体育的萌芽。改革开放以后举办的少数民族传统体育运动会,拉开了中华民族体育事业整体推进的序幕。20 世纪 90 年代开展了赛龙舟全国比赛,放风筝全国比赛。近几年,打陀螺、滚铁环等适合中老年人的民族特色体育活动的再风靡也丰富了人们的休闲生活。21 世纪以来,出现了一些张扬个性的时尚化休闲运动,如街舞、攀岩等。

　　我国的文化历史悠久,与休闲体育渊源甚深。自周朝以来,有关休闲体育的活动就有记载,体育被认为与"兴于诗,立于礼,成于乐"紧密联系。其他朝代也有着各种丰富多彩的休闲活动,如蹴鞠(踢球)、竞渡(赛龙舟)、荡秋千等等,还有赛马、摔跤、射箭、绘画、音乐、狩猎等。其中有些活动既可以作为激烈对抗的比赛项目,又可以作为具有很强娱乐、观赏性的休闲活动。古人的登高、远足、交友等亲近大自然的休闲活动,直到现在还深深影响着现代都市人的业余生活。近代中国战争连连,民不聊生,所谓的休闲娱乐活动也几乎停滞,仅仅局限于极少一部分人的歌舞升平,这种休闲娱乐活动不能够代表广大老百姓的生活状态。随着我国改革开放的大门打开,市场经济体制引入,国民经济飞速发展,人民生活水平有了大幅度提高。同时,对外开放使得人们的休闲观念日趋成熟,休闲体育在中国也如雨后春笋般快速崛起。从 20 世纪 80 年代末起,我国有些学者开始对现代休闲体育进行研究,早期的王雅林从社会学角度对闲暇问题进行了研究,到 21 世纪马惠悌对休闲本质和休闲传统进行了探讨。从早期的溜冰场、棋牌室到后来的桌球室、健身房、乒乓球羽毛球馆,再到现在的高尔夫球场、保龄球馆、电子模拟体育活动场所等等,休闲体育已经成了我们生活 当中不可或缺的部分。随着中国社会向现代化迈进,休闲将成为影响经济、社会发展的重要内容。

　　(四)地理环境和经济发展对休闲体育发展的制约

　　休闲体育的兴起是建立在一定经济基础之上的,休闲是一个国家生产力水平高低的标志,是衡量社会文明程度的标尺,是人类物质文明和精神文明的结晶,是一种崭新的生活方式、生命状态,是与每个人的生活质量息息相关的。改革开放促进了经济的大发展,为休闲体育的兴起奠定了物质基础。只有经济发展到一定水平,人们才有闲暇时间进行休闲。我国各地经济发展不平衡,因此,经济发达地区休闲体育的发展相对完善,政府对休闲设施的投入较大,为人们的出行和休闲锻炼提供了条件上的可能性和便利性,为休闲体育的发展创造了物质上的条件。经济的发展为休闲体育提供了物质基础,基础设施的完善为休闲体育的发展提供了条件上的可能性,对自身健康的重视为休闲体育的发展提供了意识形态上的支持。总体而言,我国的休闲体育发展目前受经济发展的制约比较明显,主要呈现在城市好于农村,东部沿海地区好于中、西部地区,经济发达地区好于经济欠发达地区,参与休闲体育的群体中,中小学生和离退休的老年人多于中壮年阶层人员,这跟经济发达程度和政府宣传、教育力度有关。从目前来说,经济发展水平和生活水平是影响我国休闲体育发展不平衡的两个重要因素。

(五)休闲体育产业的发展

我国休闲林育产业的发展与经济发展息息相关,大抵经历了探索期、初步发展期和全面发展期三个阶段。

1.探索期(1979—1992年)

1978年,我国实行改革开放,经济得到初步发展,人民生活水平得到改善和提升,人们的视线开始聚焦到体育上。1984年,许海峰在美国洛杉矶奥运会上获得新中国第一块奥运会金牌,唤醒了深深扎根于民众心中崇尚体育的因子,特别是在中国女排摘得"三连冠"后,排球运动广泛"飞入"寻常百姓家。

西方国家流行的休闲体育进入中国,如交谊舞、霹雳舞和溜旱冰等。一些经济发达的大城市出现了体育场地租赁、体育健身指导和体育技能培训等服务,我国体育娱乐市场开始发展。20世纪80年代,职工体育成为中国体育的一个闪光点,在人们的精神文化生活十分匮乏的情况下,政府和企事业单位积极组织职工开展丰富多彩的体育活动。人们在闲暇时间观看职工体育比赛成为当时主要的休闲方式,推进了我国休闲体育的发展。在此时期,我国休闲体育产业正处于摸索的阶段。政府鼓励体育系统中有条件的事业单位发展多种经营、积极增收节支和扩大服务范围,并提出了体育场馆"以体为主,多种经营"和由事业型向经营型转变的方针。此外,各地体委借助体育场馆开设舞厅、健身房和台球室等。对体育用品市场来说,生产主体和种类较为单一,主要是一些国有企业生产的衣服鞋帽,价格便宜、质量不高、专业实用性较低。20世纪80年代起,我国产生了一批体育企业,以生产销售体育用品为其主要经营业务。与此同时,一些专业运动员所使用的体育用品也开始出现在市场,但对普通老百姓而言,价格偏高,难以消费。

总而言之,此阶段参与休闲体育活动的人十分有限,民众参与休闲体育活动的欲望开始展现。由于休闲体育种类单一,休闲体育产品匮乏,加之休闲体育没有得到宣传和普及,民众参与的休闲活动较为简单和有限。整体来说,我国休闲体育产业的发展水平较低、发展速度较慢,发展规模较小。

2．初步发展期（1993—1999 年）

1992 年，邓小平的南方谈话确立了市场经济在社会主义经济体制中的地位。我国在市场经济的运行机制中引进了体育体制，且不断深化改革。1993 年，在国家体委主任会议上制定了《关于培育体育市场，加快体育产业化进程的意见》，提出了体育要"面向市场，走向市场，以产业化为方向"的发展思路。

随着改革开放的不断深入，北上广等一线城市的发展已初具现代化，体育娱乐市场的规模日渐扩大，体育彩票市场的发展势头不容小觑；体育用品市场也开始活跃起来，出现了众多体育用品生产企业；体育中介市场随着职业联赛的出现逐渐兴起。据统计，1998 年全国体育消费总额达 1400 亿元，可见我国体育产业发展态势之迅猛。此阶段，在相关政策的扶植下，我国休闲体育产业得到了快速发展。体育资源的配置由国家计划分配向市场化配置转变；各种体育市场开始粗具规模，休闲体育产业的规模迅速扩大。

3．全面发展期（2000 年至今）

2000 年国家体委发布了《2001—2010 年体育改革与发展纲要》，提出体育产业发展"以体为本，全面发展"的指导方针。之后，我国开始进行产业结构调整，第三产业的比重开始增大，为休闲体育产业的发展创造了良好的空间。同时，休闲体育产业走上了市场化道路，其主体发生了明显的变化；国有体育企业逐渐变少，私营、外资和中外合资企业成为休闲体育产业的重要组成部分。休闲体育产业发展的规模持续扩大，大众休闲体育消费也持续增长。

2008 年北京奥运会的成功举办极大地促进了我国休闲体育的发展，使我国休闲体育产业和国际相接轨，且拉动了休闲体育产业的大规模投资和休闲体育的消费。相关数据显示：2012 年我国体育产业总规模达 2595 亿元，占 GDP 的 0.5％，2015 年体育产业增加值约 4000 亿元。2014 年 10 月，国务院发布了《关于加快发展体育产业、促进体育消费的若干意见》，这是体育产业从体育系统内部转变成国家发展战略的关键一环，人们对体育产业的认识也提升了一大步。

（六）国内休闲体育管理

从 18 世纪开始，随着工业革命的进程，工厂工人的生活中，逐步有了"劳动时间"与"休闲时间"的划分。为改善工人的生活状况，保证工人身体健康，一些国家的民众呼吁政府为人民的休闲活动提供支持，政府也有意识地积极组织可以让人民广泛参与的休闲体育活动。20 世纪 50 年代，人类社会由工业时代进入信息时代，技术进步带来生产效率的提高，劳动强度随之降低，劳动时间随之减少，人类获得丰厚物质条件变得相对容易，因此对休闲体育产生了更高的要求。休闲体育率先在欧美、日本等经济发达地区发展、繁荣，深入社会的各个阶层。进入 21 世纪，在社会进步、科技发展、人们生活水平不断提高的同时，人们也有越来越多的可支配时间和越来越多的活动参与，因此，对于休闲体育产生了更高的要求。事物的发展不可能毫无章法，它必定存在能够被观察到的管理或者组织系统。因此，休闲体育作为人们社会生活的一部分，也有其管理及组织原则和方法。随着社会的发展和人民日益增长的体育需要，不同时期、不同地域对休闲体育管理的要求也有所不同。在努力建设"健康中国"的今天，休闲体育对于我国的意义不仅仅是经济层面的，更在于改善人民的生活水平、提升国民身体素质，而加强休闲体育管理，是促进我国体育产业结构优化升级、推动建成"健康中国"的必然要求。因此，结合国外的休闲体育管理理论，对我国休闲体育管理进行研究，能够为我国的休闲体育管理实践提供可靠的理论依据。

在新时代环境的指引下，我国要不断提高国内休闲体育的市场化、社会化程度。随着人们空闲时间的增加和生活水平的提高，体育消费在居民消费中所占比例逐年上升，投资健身、享受健康将会成为社会的一种新潮流，因此，休闲体育的发展与市场经济的发展将会紧密结合。综观西方发达国家的休闲体育，不断提高休闲体育的市场化程度是保证休闲体育长久健康发展的最主要途径。我国的休闲体育起步晚，群众基础薄弱，因此，要在政府的支持下普及休闲体育，发展休闲体育运动，建立起广泛的群众基础，大力发展休闲体育产业，加深休闲体育的市场化程度。首先，应该不断完善我国休闲体育管理体制。我国的休闲体育管理体制依托于社会管理体制，在当前社会形势下要积极推进政府的供给侧改革职能，逐步完善群众体育的运营管理机制，为休闲体育的快速健康发展提供良好的空间环境。此外，要因地制宜发展休闲体育运动。我国国土面积广大，地理环境、气候环境都相当复杂，加之我国有 56 个民族，每个民族都有其各自的特点。因此，各地方政府要根据自己所辖区域的特点，发展与当地相适应的休闲体育运动，开展有当地特色的休闲体育活动，并且将各特色风景融入休闲体育运动，让人们充分融入美的自然环境。其次，休闲体育运动应当同其他产业融合发展。其中，户外拓展运动是休闲体育领域中的一大趋势，充分利用休闲体育与其他各行各业的联系，由休闲体育运动带动相关产业的发展，形成跨界协同发展的局面。最后，大力培养休闲体育相关人才。我国休闲体育相关人才的缺乏不利于我国休闲体育健康有序的发展，而高校是人才的发源地。因此，各大高校要重视对休闲体育相关人才的培养，加大培养力度，增加培养人数，只有足够多和优秀的复合型专业人才才能带领我国休闲体育走上一条健康、快速、可持续的发展道路。

总之，发展休闲体育是建设"健康中国"的必然要求，也是促进我国产业结构升级的重要途径，而这些目标的实现，只能依靠对休闲体育管理的不断完善。发展休闲体育，不是一个部门的"差事"而需要全社会的共同参与，只有在全民参与的氛围下，才能一步一步实现休闲体育的社会化。

五、国外休闲体育教育发展状况

以人为本思想的萌芽重新将体育活动作为人身心协调发展的手段和内容加以肯定。休闲体育思想源于欧洲文艺复兴时期,由于当时人们对中世纪宗教压抑人性进行批判和对人文主义精神进行弘扬,艺术、音乐、科学得到重视的同时,包括体育活动在内的户外运动也成为时尚,其中包括着休闲体育的要素。工业时代和消费时代的来临开启了人们对休闲生活的需要。到 20 世纪 70 年代,一些工业发达国家相继步入以信息化为标志的"后工业"社会,与之相适应的是人类的生活方式也进入了一个以休闲娱乐为特征的时代。

世界组织对休闲活动的呼吁和倡导把大众休闲体育正式推到人们眼前。1970年世界休闲组织制定了《休闲宪章》,提出了"所有人都拥有参与休闲活动基本人权,所有的政府都有义务承认并保证其公民休闲权利"。欧洲共同体也于 1975 年通过《大众体育宪章》,提倡通过大众休闲体育提高民众健康和生活质量。随后,休闲体育得到世界各国的支持和响应,由此,休闲体育逐渐成为世界范围的大众体育发展主流。

（一）英国休闲体育文化

英国是世界上第一个工业化国家,也是世界上最早进行资产阶级革命的国家,在这种历史背景下,英国政府管辖休闲体育业有着近百年的历史,管理水平位居世界前列。根据尚菁菁《英国休闲体育发展及对中国的启示》,从英国休闲体育的发展来看,英国各地方政府对体育的投入逐年增多,最主要的投入被放在建设体育场馆方面。据官方数据统计,英国各地方政府每年在修建和管理体育设施上投入 14亿英镑。除此之外,全国性彩票也是推动英国休闲体育的重要财政保证。在英国,强大的人才体系给娱乐休闲体育无限的发展空间,许多高等院校都设置了与休闲体育相关的专业 ,学科体系相当完善。可以看出,英国政府对本国的休闲体育非常重视,无论是从财政还是教育上都给予了相当高的关注。在此前提下,英国的休闲体育业的发展带着欣欣向荣的态势,也在拉动本国经济增长中发挥着举足轻重的作用。

英国是一个传统的体育大国,是现代户外体育的发源地,在世界体育休闲业中占有重要的地位。20 世纪 60 年代以来,英国休闲体育开始走向大众化,参与休闲体育的人数猛增,所占经济比例也大幅度提高,休闲体育产业化经营凸显。1996年的调查显示:约 2500 万英国人每月最少参加一次体育休闲活动,步行、慢跑、游泳、健身、瑜伽、体能训练、足球和高尔夫球等是民众参与程度最高的项目。英国有着深远的体育运动传统和庞大的体育运动人群,约有 60% 的英国人参加某种形式的体育锻炼活动,英国人体育锻炼以参加各种体育俱乐部和协会为主,英国有

3738 处公共休闲体育中心。英国的健身运动带动了相关产业的发展,例如,英国休闲体育器材产业发展势头迅猛,提供体育休闲相关设备用品的企业数不胜数,基本以中小企业为主,其在提供多样化与个性化的体育器材的同时,创造了大量的就业岗位。2000 年,英国民众对休闲体育产品的消费主要体现在以下几个方面:一是收费体育电视与杂志、书报的预订(27 亿英镑);二是体育服装和体育用鞋(25 亿英镑);三是体育相关博彩(23 亿英镑);四是其他体育商品(8 亿英镑)和参与费用(6 亿英镑)。体育休闲产业消费达 115 亿英镑,占英庭消费总额的 2% 以上。英国的休闲体育竞赛规模不容小觑,足球超级联赛和温布尔登网球公开赛吸引了世界各地的粉丝。每年有超过 1300 万人到现场观看英超联赛。世界四大会所之一的德勤会计师事务所,公布了 2013—2014 赛季各联赛的收入,英超以 32.6 亿英镑的收入傲视群雄,在欧洲足球联赛中独占鳌头,同时为英国的税收贡献了 24 亿英镑,创造了 10 万个以上的就业岗位。此外,英国的赛马博彩业也世界闻名,每年会开展各种赛事。据统计,2005 年全英 59 个马场的总收入达 3.87 亿英镑,对国民经济的总体贡献为 28.6 亿英镑。2007 年英国赛马彩票投注总额达 160 亿欧元,位居世界第二;全英赛马比赛奖金总额达 1.34 亿欧元。英国休闲体育竞赛业的发展拉动了相关产业的发展,例如,其促进了建筑行业的发展,2005 年和赛马有关的建筑活动为就业提供了 2300 个职位。

(二)美国休闲体育文化

根据曹琛《中外休闲体育产业比较研究》,美国的联邦政府在休闲体育方面承担着重要职能。美国有 206 个全国性体育协会,102 个全国性学术团体,这是美国体育管理体制最显著的特点之一。美国 50 个州的户外运动管理机构中,21 个州设置了专门的体育管理机构,其余各州则设置了综合性管理机构。此外,50 个州都设有"州健康与体育委员会",州政府在休闲体育管理方面的职能主要包括:制定体育和休闲方面的法规,对地方的休闲体育工作进行监督、提供休闲体育场地设施的服务,与联邦政府机构在休闲体育方面进行信息沟通与合作。根据彭恩《休闲体育产业的国内外对比分析》,美国实行的是联邦政府管理体制,在美国体育管理往往都是由经济、社会以及政治力量来进行的,而这所有的力量有机融合起来也就产生了体育组织。社会体育团体在休闲核检与管理中起到了重要的作用。由此可见,美国联邦政府虽然不对竞技体育直接进行管理,不设置以场地为主的体育管理机构,也没有专门的奖金注入,但是非常重视休闲体育,并且在休闲体育管理中承担重要职能。休闲体育之所以能在美国发展得又快又好,得益于政府高度关注,管理机构设置合理,各级部门分工明确,在此条件下开展的休闲体育活动丰富多彩,群众参与度高,群众基础牢固,并形成一种社会风尚。

美国是世界第一大体育国,同时其休闲体育产业也是全世界规模最大、最发达、最完善的。20 世纪 80 年代,美国与体育有关产业产值已超过石油、化工等传统行业的产值,在各大行业产值排名中居第 22 位。美国科尔尼管理顾问公司调查显示:"90 年代中期,美国的体育产业市场价值为 1520 亿美元,成为美国第 11 大产业,产业总值占 GDP 的 2%。"1997 年,美国学者米勒在其《体育商业管理》一书中说:"根据商业部的报告,美国以健身娱乐为主要内容的休闲产业的产值已超过4000 亿美元。时下美国人每挣 8 美元就有 1 美元花在健身娱乐消费上。"美国著名咨询公司普拉肯特研究公司统计表明:"至 2007 年底,美国休闲体育产业增加值已达 4100 亿美元,接近 GDP 的 3%,是汽车产业的 2 倍、影视产业的 7 倍,美国休闲体育产业吸纳的就业人口已超过 400 万。"美国体育产业早在 19 世纪初就进入了商业化的进程,人民生活水平的提高促进了休闲健身的兴起,许多运动项目受到了广大民众的喜爱和参与,满足了人们社会交往、身心放松、寻求刺激及挑战自我的需求。美国的大众体育健身服务业,囊括了体育设施建设、各类体育俱乐部和体育旅游活动等,在美国体育产业市场中独领风骚,占整个体育产业的 32%。国际健康及运动俱乐部协会调查称:"在健身业发达的美国,1987 年有 1370 万人去健身房锻炼,1998 年增长到 2420 万人,2004 年 1 月的数据为 3940 万人。"截至 2005年 1 月,美国的健身俱乐部数量已达 26830 个,相当于欧洲各国健身俱乐部的总和。体育用品生产业几乎占整个体育产业的 30%,位居第二;体育竞赛观赏业约占体育产业的 25%,位居第三。美国的体育产业发展程度很高,体育竞赛表演活动是其核心,而健身培训业、户外运动及体育用品业的参与人数、创造产值和就业机会表现较为突出。体育竞赛表演业和体育健身服务业是休闲体育的主体产业,其市场份额占体育产业的 57%。体育表演竞赛业带动了相关产业的发展,例如电视转播、广告、体育用品和纪念品等,创造了巨大的商业价值。20 世纪 70 年代后,美国刮起了"健身热",而在历经动荡和调整后,健身行业现已逐渐成熟。

（三）澳大利亚休闲体育文化

根据胡笑寒《中澳休闲体育现状的差异及原因分析》,澳大利亚被誉为"世界休闲运动的殿堂"。其气候宜人,冷暖适中,为休闲体育的展开创造了良好的外部环境。同时,澳大利亚海岸线长,与海洋相关的体育活动开展极为广泛。除此之外,澳大利亚还拥有丰富的地理和自然资源,大量的沙漠、荒地、河流都是澳大利亚人锻炼和休闲的天然场所。根据彭恩《休闲体育产业的国内外对比分析》,澳大利亚实行的是联邦制的行政管理体制,体育产业的最高管理机构是澳大利亚环境、体育和国家资源部门。澳大利亚的每一个州政府中都会同时设置体育和休闲管理机构,这一机构的最重要的职能就是发展地方休闲体育事业。并且,澳大利亚市政府的市议会以及镇政府的镇议会也都会设置综合性的休闲委员会,这一委员会通过招募大批志愿者来管理本市的体育设施,并组织开展体育活动。同时提供一系列其他活动。从以上信息可以看出,澳大利亚政府对于休闲体育的重视程度之高,以及其管理体系的严密,管理机构主要广泛地分布于社会部门之中。根据不同的地理位置、气候环境及民风民俗,澳大利亚会发展不同的休闲体育运动及组织开展各种形式的休闲体育活动。

澳大利亚虽然人口稀少,但休闲体育产业十分发达,其普及程度非常高,人们日常参与休闲体育活动已成自发行为。澳大利亚的休闲体育依托社会力量自行运作,是普及国民体育的重要特点,澳大利亚每年有 2 亿人参加各类休闲体育活动和比赛,志愿者义务承担了 80% 的工作,如组织群众体育活动、开展专门的技术辅导、场地设施建设与维修等。就运动和休闲活动而言,澳大利亚民众每周平均花费 23.2 澳元。澳大利亚政府将体育视为支柱产业发展,建设了众多的体育设施,将体育和旅游、休闲结合起来,通过举办众多国际比赛,吸引了观光游客和国外运动员到澳大利亚训练,从而促进了休闲体育产业的发展,澳大利亚统计局早在 1995 年就把体育与休闲相关产业纳入产业增加值的统计范围,成为全世界最早单列休闲体育进行统计的国家,有助于政府相关政策的调整,更好地为民众服务。

澳大利亚绝大部分人口居住在离海岸线 50 千米内的海岸带上,因此滨海休闲项目十分丰富,如岛礁旅游、冲浪、帆船和潜水等,吸引了包括本国在内的全世界大量游客。相关统计资料显示:2004 年澳大利亚居民用于体育活动的支出约 60.5 亿澳元,约占 GDP 的 1%。澳大利亚体育赛事水平比较高,在国际上颇具影响力和吸引力,如橄榄球、板球、赛马、篮球和网球等,截至 2011 年,澳大利亚体育产业规模达 127.73 亿澳元,就业人口达 13.4 万,展现出较强的就业吸纳力。

六、运动休闲产业发展的本土化与国际化

对中国而言,现代运动休闲产业是一个舶来品,不仅许多休闲运动项目来自西方国家,而且国人对运动休闲理念存在抵触,中国人将运动视为竞技或者强身健体的手段,而休闲从来跟运动无关,传统的休闲活动是琴、棋、书、画、游山玩水、吟诗品茗,一些运动,特别是冒险运动、极限运动从来就不被视为休闲。然而从思想根源上讲,中国与西方休闲都讲究身、心的锻炼与陶冶,讲究通过休闲促进人的自我发展与完善,只是采用的手段大不相同,其中所体现的意境也截然相反。尽管如此,西方运动休闲随着中国的改革开放而渐渐进入中国,它带着浓厚的西方文化色彩和价值观念深深感染着一些喜欢西方文化的中、青年。在他们的行为影响下,运动休闲已然成为一种时尚和健康生活方式的代表,在与中国传统文化,特别是传统休闲文化相矛盾和互补中悄然发展。

传统文化与现代文化永远都有矛盾,这是任何一个时代发展都具有的特征,一些保守人士固守着传统文化与传统价值观,而一些年轻激进的人士则热衷于追随

现代文化及其理念,这是两个人群之间的矛盾,更是社会发展的必然过程。中、青年的行为对儿童、少年的影响更大。随着时间的推移跟青少年一代的成长,社会最终是由青少年一代主宰,因而文化的发展与融合是必然的趋势。但无论怎样,在文化发展的历程中总是有水土不服的问题,任何外来文化都不可能原模原样地照搬本土发展,其间本土化是一个必然的过程,有时可能是艰难的过程。反过来讲,外来文化如果能够充分做好本土化改革,与当地文化相融相辅,那么这种外来文化便会得到长足的发展。以肯德基为例,它们在推出原汁原味的美国快餐的同时,也将中国传统饮食加入它们的菜单,结果在中国得到了市场的追捧。可以说,肯德基在其他任何国家的市场规模都无法与麦当劳相提并论,唯独中国是一个特例。

运动休闲理念在中国的发展存在一种趋向,国际化的、纯西方的休闲理念中的某些特殊性得到一些人的追捧,即突出自由性、冒险性与自然性的特点。西方运动休闲理念中首先突出的就是自由,与竞技运动不同,休闲运动中没有规则与对抗,人们可以充分依照自己的意愿与节奏来控制自己的运动行为,以自己最喜欢的方式去完成运动;其次是它的冒险性,西方运动休闲从其项目特点看就可以发现,其共同的特性就是冒险性或者说挑战性。无论登山、攀岩、漂流,还是野外生存、跳伞等等,这些运动无不带有挑战自然、挑战自我的过程,人们体验到了超越自我的感受,这被认为是休闲运动中自我发展与完善的真谛所在。最后,西方运动休闲理念讲究自然性,人们一定是在大自然中利用天然的条件去运动,没有人为修建的运动场所,因为只有在完全自然的环境中运动才是真正的享受。从中国运动休闲产业发展的现状看,这些西方运动休闲理念的特殊性很难一下子在中国运动休闲中得到真正的体现,一些人的追求也就成为一种理想,因为从物质条件到社会管理的软环境,许多西方流行的休闲运动项目在中国很难实现。在这种条件下,许多人自然而然地开始用中国式的休闲运动方式来践行西方运动休闲理念中某些特点,形成了具有中国特色的运动休闲理念与规则,即在有管理、有组织的自热条件下进行某些休闲运动项目的尝试,并人为地产生了许多新的休闲运动项目,比如拓展运动、休闲化了的竞技山地活动、自然形成运动等等。

第三节　高职学生与休闲体育的需求特征

休闲体育作为终身体育的一个重要组成部分,越来越在社会高度发展、人才争夺日益激烈的今天引起世界范围内的高度重视。在这样的背景下,我们的高职体育教育要担负起指导学生更好生活的职责,就必须适应社会和学生个体的变化,将休闲体育纳入学校教育的体系,将运动引入新时代高职学生的生活中,并促使其逐渐成为大学生自觉选择的一种健康快乐的生活方式。

一、休闲体育的特征

(一)愉悦性

休闲体育运动的愉悦性是从休闲体育的功能方面来讲的,在各种形式的休闲体育活动中,人们不必为从事锻炼的花销而发愁,不必为动作的笨拙而苦恼,更不必为锻炼不达标而沮丧。人们在休闲体育活动中可以忘记烦恼,全身心地投入运动,在运动中享受既健身又健心的愉悦。

(二)自然性

人的生命活动不外乎内部活动和外部活动两种形式,内部活动就是生理活动,即物质与能量不断消散的一个过程。不管我们是否愿意,这种过程总是在人这一有机体内部不断发生并进行着的。要想维持生命结构的存在,一方面需要促使消散过程不断地积极进行,另一方面需要通过与外界进行物质交换来实现对已经消散能量的补偿。然而,这两个方面的活动都要借助于有机体的外部活动,它们构成了摄入与排泄以及身体运动这些基本需求的本源。因此,人们总会选择大量涉及身体运动的游戏或者娱乐方式。作为生命,人也必然会遵循生命运动的基本轨迹,保留生命体本能的需求以及活动的方式。只是人的这些本能需求在个体的社会化进程中被特定的方式所限制,从而以社会人的特有方式来满足这些需求。

(三)选择性

休闲体育的选择性特点是指体育休闲运动可以自由选择,自主选择性强。目前,随着社会的发展,从事休闲服务的人逐渐增多,因此,许多休闲活动进入了社会经营性场所,这就意味着人们要对休闲进行付费。但是,由于经济条件的限制,许多人不能经常坚持参加需要付费的休闲活动。此时,他们就可以自主进行选择,他们可以选择在公园、广场等场所进行散步、跑步等休闲活动。休闲体育活动的可选择性特征使其越来越受到人们的喜爱。

(四)自发性

美国休闲学专家杰弗瑞·戈比认为:"休闲是从文化环境和物质环境的外在压力中解脱出来的一种相对自由的生活,它使个体能够以自己所喜爱的、本能地感到有价值的方式,在内心之爱的驱动下行动,并为信仰提供一个基础。"休闲体育活动同样是人们在休闲时间内所进行的一种自发性的主体活动,它完全是出于一种个体或某一群体真正的主体需求,在个人能够自由支配的时间里进行体育活动,不包含任何的强制、被动或者非自愿成分。在体育活动中,由于是主体自觉自愿的需要而参与,所以它不仅直接满足个人身心发展的需求,而且这种良好的情绪体验会更好地激励其持久参与的积极性,并比较好地形成不间断的良性循环。自发性是人类自觉意识的一种体现。在当前社会高度发展的情况下,休闲不再只是劳动后的一种休息和放松。在人类闲暇时间不断增多的情况下,休闲已经发展成为每个个体的一项基本生活权利,成为组成个体生活的一个有机部分。当前人们具有充分的自由意识,休闲体育运动能够充分反映出广大群众对闲暇时间的支配权。

（五）参与性

休闲体育运动的实践性很强,它需要人们的亲身参与,同时在进行体育活动的过程中体验并获得某种感受。没有自己的亲身参与,就不能够从中获得所期望的感受,也不能够实现自己的完整表达。有些人将观看体育比赛和体育表演纳入休闲体育运动的范畴,并将休闲体育运动分为参与型与观赏型两种。

虽然在观看体育比赛或表演时,经常会有表演者与观众之间的互动,但我们却始终不能认定这是观众在参与。因此,休闲体育运动应该是活动者参与其中、亲身实践的过程。事实上,休闲体育运动所能够实现的各种功能与作用,都是活动者在参与过程中体现出来的。体验是休闲体育运动参与性的一种重要体现。体验是人类进行感知的一个过程,在这个过程中,人们不断对感知进行处理,需要一定的情感投入。体验并不是简单的感觉,而是一种感觉的深化与发展,它需要对某种行为做出有意识的解释,它是与当时的时间与空间紧密联系的精神过程。休闲体育运动是一种直接的身体体验活动,在人们进行身体体验的过程中。会产生一定的情感、情绪以及心理体验。现代社会中由于工作压力以及城市生活的紧张,人们更倾向于选择和寻找一些轻松的、快乐的东西让自己放松。这种放松是心理上的放松,人们通过参与休闲体育运动来体验心灵的放松。现代休闲体育运动与竞技体育相比,少了竞争的紧张感,让人们能够更加放松地参与其中,非常有利于人们的身心健康。

（六）灵活性

人们随时随地都可以进行休闲体育运动,这正是休闲体育运动灵活性的体现。现代社会竞争激烈,人们的生活节奏不断加快,如果付出过多的时间进行休闲体育活动势必会成为人们的一种负担。但是,有些休闲体育活动不需要格外抽出时间进行,人们既可以在茶余饭后的零散时间里进行,也可以在工作间歇的时间里进行,还可以在早晚坐公交车的时间里进行。这些活动具有参与灵活的特点,进行这些活动的时间可长可短,完全可以根据人们的兴致、体力、时间等具体情况而定。

（七）时代性

休闲体育是在一定的历史阶段、一定的文化背景下产生并逐渐发展起来的。在不同的历史时期,其物质文明和精神文明也各有不同,因而所产生的休闲活动方式也各不相同,体育休闲活动是应不同时代的要求和进步而演变及发展起来的。

通过对历史发展进程进行观察和总结,能够发现无论在任何社会时期,体育活动都能够现身在社会中,发展出一种被百姓接受和喜爱的休闲活动方式。即使是在神权统治之下的中世纪欧洲,也很难抑制民众追求身体游戏的需要,少年儿童始终是游戏的先锋,他们将武士的打斗变成自己进行身体娱乐的活动形式。当然,休闲体育运动毕竟是社会文明的一种表现,在很多情况下,它与社会科学技术的发展水平都有密切的关系。我们能够看到,如今所流行的休闲体育活动相比于20世纪初发生了很大的变化,如今的休闲体育活动常常与科学技术以及材料革命相结合,而之前的活动更加倾向于自然的身体活动。

（八）时尚性

在经济、文化发展迅速的今天,参加体育活动已经成为一种新的时尚。时尚性是一种社会事物与社会发展的趋势以及社会需求协调统一的表现。人们对体育的需求由于社会物质文明的不断发展而日益强烈:一方面,一个时代的青年人不只是时间先进的代表,同时也是时代风气的传播者;另一方面,青年人充满了青春活力,是"娱乐的先锋"。体育不仅是一种表现青年人青春活力的载体,能够让他们产生愉悦的情感,形成一种良好的交流与互动,还可以宣泄情绪以及发散多余的精力。因此,在现代社会的不同时期,休闲体育一般都会成为青年人的一种时尚。

随着社会经济水平的不断提高,人们的思想意识不断进步,新的休闲体育项目不断被创造出来,并在全球化的社会背景下迅速向全世界传播,逐渐演变为一种全球性的休闲体育运动。在信息高速传播的今天,人们不断接受新的思想与内容,因此,一种休闲体育运动形式很快会被另一种形式所替代。这种快节奏是社会发展的鲜明特点,此外,新的休闲体育运动的产生与发展,总是先在少数人当中流行与传播。人们一方面通过参与休闲体育运动以表明自己的某种身份或地位,另一方面以此表现自己与另外某阶层存在差异。例如,高尔夫运动在流行之初被标榜为贵族富人的运动,因此有很多富人都"被热爱"上这项休闲体育运动。

（九）多样性

休闲体育的多样性特征是指休闲体育运动的方式多样。休闲体育活动是人们在闲暇的时间中从事的活动,它有各种各样的形式,人们可以根据自己的兴趣爱好等进行自由选择。它既可以以集体的形式进行也可以以个人的形式进行,既可以安静地进行也可以在音乐的欢快节奏中进行。人们可以选择慢跑、散步、扭秧歌、跳交谊舞等多种锻炼形式,在这些形式中得到精神上的极大满足。

二、学生的需求特征

国家一直提倡构建社会主义和谐社会,而休闲体育教育是构建和谐社会的需要。"我们所要建设的社会主义和谐社会,应该是民主法治、公平正义、诚信友爱、充满活力、安定有序、人与自然和谐相处的社会。"所以说休闲体育的实质与和谐社会的构建在理念上是一致的。2011年"十二五"规划纲要明确提出要大力发展健身休闲体育,并首次把休闲体育的概念纳入国家体育发展规划。这表明休闲体育发展至今在休闲领域已经占有重要地位,也将必然成为人们休闲活动中的重要选择。同时,体育事业发展"十二五"规划也明确,要努力提高群众体育发展水平,以改善民生服务为目标。大力推行休闲体育,不仅能够进一步提高人们的生活质量,更有利于和谐社会的构建。

世界休闲与娱乐协会又称世界休闲组织,于1967年制定了一份《休闲宪章》,其内容如下:

第一条:每个人都有休闲的权利。这项权利包括合理的工作时数、定期的休假、舒适的旅游环境以及良好的社会规划。

第二条:充分自由地享受休闲,是绝对的权利。

第三条:每个人都有权利享受公共的休闲资源,如接近湖泊、海洋、森林、山川等自然保护区。

第四条:每个人不分年龄、性别、教育程度,在他的休闲时间里都有权利并参与所有类型的娱乐活动,例如运动、游戏、旅行、舞蹈、音乐等。

第五条:休闲时间的运用,别人无权代为决定。

第六条:学习休闲态度、休闲能力的机会,是每个人的权利。家庭、学校及社区,应该负起休闲教育的责任。不论儿童、青少年或成年人,都应该得到适当的指导,以更好的技能和态度来体验休闲的意义。

第七条:目前,休闲教育的责任仍叠床架屋,分散在不同部门和法令当中。为了每个人的权利,也为了更有效运用经费和人力,所有关心休闲的公私立机构应该协力合作,共同来建立一个休闲的社会。国家应该设立专门从事休闲研究的学校,以便训练规划休闲的人才,以及休闲课程的师资。这是人们最值得努力的目标。

休闲体育具有趣味性、冒险性和挑战性等特点,可以使参与事休闲体育的学生得到展现自我、施展才华等满足感。高职学生积极参与各种休闲体育活动,不仅让自己的身心得到全面的发展,避免"无所事事"的风险,还丰富了校园的文化氛围。引导高职学生养成终身体育的习惯。体育锻炼之所以很难成为生活的一部分,最重要的原因是学生没有养成运动习惯。怎样让运动锻炼成为学生生活中不可缺少的一部分是目前一个较大的难题。高职学生必须掌握1—2项体育运动技能。休闲体育包含很多运动项目,高职学生可以从众多的休闲体育中选择学习自己喜欢的运动项目,进一步把这项运动作为自己的终身运动方式。休闲体育不仅可以满足人体生理机能的需要,还是一种追求人的身心满足,注重活动过程的快乐体验。

经科学研究表明,经常进行体育活动能促使如内咖肽、LHD-2等"快乐素"分泌,这些物质能够起到调节情绪、振奋精神的作用。从心理学角度理解,当体内能量累积到一定程度时,引起紧张与不平衡状态,就必须找到途径释放紧张力。引导学生参与体育休闲活动,享受成功乐趣、体验成功喜悦、感受自然魅力,有利于学生树立健康的人生观和价值观。通过休闲体育活动能使那些长时间处在紧张精神压力下的学生放松心情,缓解不良的反应。休闲体育具有时代性鲜明、自主性强、娱乐性强和参与面广等特点,符合高职院校学生的心理特点,能有效地促进健康、愉悦身心,对学生的健康成长起到促进作用。

三、休闲体育的社会效应

(一)休闲体育的运动模式

传统的体育运动项目以锻炼身体为主要目的,体育项目的选择、运动计划的制订和体育训练内容等均是围绕特定的身体健康或医疗康复,强调的是从体育项目中提高身体素质。可见身体锻炼模式的体育运动带有一定的强迫性,人们甚至由于锻炼态度存在问题而视体育锻炼为一种任务或负担,反而对人们的身体健康带来负面影响。随着人们对休闲体育内涵和功能的深入了解,休闲体育运动将为人们的休闲生活带来较大的改善,休闲体育运动的宗旨是为人们创造自由愉快的体验,是放松身心、愉悦精神的运动方式,而不是一种锻炼负担和压力。休闲体育运动不仅可以强身健体,还可以满足个体体育兴趣的自由选择需求,调节和改善精神状态,这种体育锻炼理念是对传统体育运动项目的突破和创新。随着现代化体育理念的深入发展,人们的体育参与动机由原来的单一健身过渡到增强体质和提高精神的双重运动动机,这有力地证实了我国由体育锻炼模式逐渐向着休闲运动模式转变。另外,因个人的需求不同,参加休闲体育运动的目的也是各式各样,有些人是为了通过休闲体育的途径来提高人际交往能力,拓展视野;有的则是借助休闲体育通道来释放压力,愉悦身心,调节生活节奏;有的则认为休闲体育可以提高自己,实现自我满意的目标。具有完善管理系统的休闲体育运动可以为不同阶层群众提供服务,这也将成为未来大众体育运动的发展趋势之一。

(二)休闲体育的延伸

休闲体育运动为人们的健康生活增添了新的活力,人们通过参与体育运动或观看体育竞赛来收获益处。近年来,我国通过借鉴先进国家的休闲体育研究和理念,并根据自身的实际发展情况,在休闲体育研究领域积累了较为理想的成果。调查显示,各大高校或者体育相关单位对休闲体育运动研究已不再陌生,而且认为其是有利于促进健康生活的大众型体育运动项目。休闲体育的特殊功能决定了其研究价值,休闲体育运动的发展必定对体育领域带来积极的影响,甚至对群众体育、社会体育等带来深远的影响,这也决定了休闲体育运动的研究领域将不断拓宽和延伸,并趋于系统、深入和实用性。休闲体育的参与者和竞赛观众,休闲体育运动的内涵和意义,休闲体育运动的相关政策和规定,休闲体育运动的服务和管理、设施与场地建设、人才培养,休闲体育运动项目设计与开发、市场营销和评价、投入与经济效益、环境保护问题,等等都将纳为研究范围中,并向着更为专业的方向努力。随着休闲体育运动的普及和开展,人们将逐渐认识到休闲体育运动的益处,乃至对社会文明建设所带来的影响。人们将从精神文明的角度来衡量休闲体育运动的价值,它是提高人们生活质量和精神生活的体现。可见,休闲体育运动研究在人们健康理念、休闲意识和社会文明建设等方面都产生了积极的影响。

(三)休闲体育的助推器

信息技术的发展为休闲体育事业创造了更快、更新和更广的发展可能,随着现代化网络、电视、广播等媒介的发展,越来越多的人关注休闲体育的发展,主要可归纳为以下几方面。

(1)快捷的大众媒介可以直播竞技体育比赛中的实况,促进更多的体坛爱好者参与其中,同时大众媒介拉近了体育运动与观众之间的距离,使体育爱好者能够在第一时间观看到精彩的体育比赛,仿佛体育赛场近在眼前。因此,欣赏竞技体育比赛项目也逐渐成为人们的休闲体育方式之一,精彩绝伦的比赛吸引了更多的休闲体育爱好者参与。

(2)由于休闲体育运动主导的是一种健康的休闲生活方式,被很多的人推崇和喜爱,所以在大众媒介传播中也备受关注,其宣传和报道力度也大大加强,这对休闲体育的普及和开展具有较大的推动作用。韩国学者曾对各大网站进行调查,发现人们对休闲体育运动的关注力度远远超过了对科技、音乐和教育等领域,名列前三位,可见,大众媒介对于休闲体育运动参与群体基数的形成具有无法想象的促进作用。

(3)信息网络产业无疑是解决信息不平衡这一矛盾的最佳选择。网络信息平台的快速发展,为休闲体育运动的相关企业创造了更多的机遇和挑战,尤其是为经营观赏性体育性质的企业创造了迄今为止最为可贵的机会,为人们提供了最便捷、最廉价的体育资讯和信息。网络信息开台为相关体育企业的宣传、经营和管理提供了较大的传播平台和媒介,拓宽了经营规模和空间,但也给休闲体育运动企业带来了一定程度上的困难。如何在庞大的信息库中捕捉到具有潜在价值的消费者,是市场竞争的重点;如何充分吸引更多的休闲体育参与者已成为休闲体育相关工作人员的重要问题之一。实践调查显示,在我国的休闲体育发展现状下,休闲体育的实践运作过程中并未真正体现出网络技术的应用价值,这固然与现有的物质水平密不可分,但是主要原因还是相关从业者没有真正认识到网络平台等数字媒体所具有的传播功能,而强大的信息传播功能可能会吸引到更多的休闲体育爱好者。从国内外对比信息网络产业的使用率可知,我国在足球职业联赛俱乐部中将网络平台作为主打宣传渠道的少之又少,然而西方国家的多数俱乐部都选择网络平台作为传播途径,如西班牙的皇家马德里俱乐部、意大利的 AC 米兰等,通过建立独特的网站宣传俱乐部的信息与商品,从而吸引了许多爱好者和消费者。一个良好的宣传和广告品牌可以刺激消费者的定向需求,促进休闲体育的发展。

(四)休闲体育运动带动相关产业的快速发展

近年来,我国的休闲体育运动事业得到了快速的发展,已然成为现代健康生活的主导方式之一,随着休闲体育运动参与人数的增加,对相关消费对象的需求量必定增多,因此休闲体育相关产业的消费水平也会呈现逐渐上涨趋势,例如体育设施、场地,体育书籍、体育报刊、体育网站、体育服装、体育服务业等产业。美国、日本等国家曾做调查,指出体育产业的总值所占比例在本国可占据前五名,这充分表明了休闲体育所带动的产业对经济增长水平具有重要的促进作用。在中国,休闲体育运动以及它所带动的诸多产业仍处于初级发展阶段,但发展势头良好。2016年在第 10 届中国国际体育用品博览会上,主营体育运动服装、运动器材的企业占60% 以上的比例,由休闲体育运动带动的相关企业约占 20%。随着休闲体育运动的普及和发展,休闲体育参与人数不断增长,因此对休闲体育相关产品的需求也越来越多,这就刺激了相关产业的产生和快速发展。这对休闲体育运动产业是一种机遇,也是一种挑战,休闲体育运动产品多样化和质量保障将关系到企业的未来发展景象,是促进企业可持续发展的重要问题。其中,影响休闲体育运动快速发展的关键还在于专业人才,因此休闲体育运动专业人才的培养将占据市场较大的发展潜力。

(五)休闲体育与社会流动的关系

社会流动是指社会关系空间中社会成员从一个位置到另一个位置的移动。它有广义的和狭义的定义之分。广义上的社会流动是指个人社会地位或个人社会角色的变化;狭义的社会流动性主要强调的是专业地位的变化。改革开放几十年来,我国的社会各个领域都发生了翻天覆地的变化,社会流动性是其中一个具有代表性的重要变化之一。随着劳动制度、人事制度和户籍制度的不断变化和完善,社会流动性渠道、流量、流速日益增多,流动特征总体呈现在以下两个方面:一是所有制结构和产业结构的多样化调整刺激了社会成员的大范围流动,工业劳动力逐渐替代了多数农业劳动力,城镇劳动力逐步向更高层次转移,也有部分流向制造业、加工企业和相关管理服务等新型产业。二是农村人口城镇化,由于农村剩余劳动力增加和快速的经济发展的需求，大量的农村人口流向城市，这一发展方向为经济发展提供了坚实的动力基础。随着经济体制和社会改革的深入发展，社会流动将是经济和社会发展的必然要求，从而促进经济和社会的协调发展。在社会环境的发展背景下休闲体育运动也必定适应客观需求而发展，从而为社会文明进步创造更好的条件。

（六）休闲体育与新农村建设的关系

中国农业经济的快速发展为我国的休闲体育运动发展创造了充足的时间和经济基础，人力劳动逐渐被工业和机械化所替代，这就为人们提供了大量的闲暇时间，休闲体育运动贴近人们的生活的可能性大大增加。过去，人们的休闲活动主要有赌博、迷信活动等不健康的活动方式，缺乏健康积极的休闲娱乐观念，这与新农村文化建设理念相违背。所以应积极地将休闲体育运动的特点和健身价值引入新农村建设中，引导人们开展健康科学的休闲生活。中共中央委员会提出了建设新农村的发展建议，在关于推进社会主义新农村建设的文件中特别注重农民体育健身工程的指导和实施，农民体育健身工程是新农村建设的重要层面之一，而休闲体育运动的推广和实施则是主要的贯彻途径。休闲体育运动以其丰富的健身内容和形式，如体育健身、表演、游戏等作为载体，有利于新农村集体感和民族凝聚力的形成，这无疑对新农村建设科学风尚具有重要的促进意义，也有利于人们团结奋进。因此，在新农村建设中强调与休闲体育运动的协调发展将是社会主义新农村的必然发展趋势。

（1）社会主义新农村的建设不仅为人们的物质生活和经济条件提供了机遇，更重要的是丰富了人们的精神文化、健康生活方式和文明生活态度，而休闲体育运动的开展在丰富精神和物质生活方面都具有显著的促进作用。休闲体育活动的开展应结合当地民俗习惯，选择贴近农民、贴近生活、贴近农村文化的具有健身、康复治疗等功能的运动项目，从而吸引更多的农民主动积极地参与到休闲体育运动中，以最佳的精神面貌投身社会主义新农村的建设。

（2）休闲体育运动也是农村精神文明建设的桥梁和载体，新农村建设的内涵本质上涵盖了对农民文明素养、价值观、道德观和民族精神等的培养，而丰富的休闲体育运动文化为社会主义文化增添色彩，尤其是具有民族特色的休闲体育文化，不仅以健康积极的方式提高人们体质健康水平，而且对于弘扬民族精神，培养民族凝聚力和荣誉感具有重要的意义，从而摆脱落后的传统观念，形成具有社会主义现代化的新农村精神文明建设风尚，从而实现和达到新农村精神文明建设的目标和价值要求。

（3）充分挖掘和发挥民族传统体育的休闲体育运动价值。中国民间体育的发展目的主要以休闲娱乐为主，自古以来，民间体育的休闲娱乐方式主要表现在两个方面:一是其游戏竞技性,二是具有民俗特色的体育运动。在现代化的社会发展背景下,农民对休闲体育娱乐的需求也在逐渐发生变化,因此对传统民间体育文化应秉持取其精华的态度进行整理和继承,一切以服务群众为目的,建立具有中国民族特色的休闲体育文化,这是传承和发展民间体育的文化自觉行为。

(4)注重发扬优良的民俗节日体育活动等农村休闲方式。传统的民俗节日活动是我国农村所特有的闲暇娱乐活动,是经过几千年的文化沉淀而来的,是民族根源的体现形式之一。因此民俗节日为人们的休闲活动提供了良好的发展契机,自古以来我国将民俗节日与体育活动紧密结合,形成了具有特色的休闲体育运动,如舞龙舞狮,端午节赛龙舟,重阳节登高,内蒙古那达慕大会,抢花炮、荡秋千、泼水节等等,形式多样。因此通过发扬优良的民俗节日体育活动对发展农村休闲体育运动具有重要的意义。

(七)休闲体育与构建和谐社会的关系

社会分层是我国社会发展的客观形势,这也是社会与经济分化的必然选择,如何在社会阶层的分化中选择公平的发展方案是新时期我国社会发展的一个亟待解决的重点问题。同样,社会阶层的分化在休闲体育运动发展中也体现出较大的差距。休闲体育运动的发展现状在一定程度上受到社会分层的消极影响,如在品牌和消费理念的压力下,经济条件雄厚阶层的人群往往选择高消费高档次的休闲体育行为,从而体现自己的身份和地位。休闲体育运动也因此由消费水平来划分,成为人们消费与享受的一种经济附庸产品,这与休闲体育运动的发展初衷相违背。因此,从我国社会阶层分化的角度出发,应积极采取相应的改善措施,扭转人们对休闲体育运动的消费观念和行为,从而满足对休闲体育的发展需求,更能通过休闲体育运动这一载体为全民身体素质带来全新的服务,为实现更加广泛意义上的社会公平公正做出贡献。

在休闲体育运动发展中,应始终保持公平公正的休闲体育观念,在社会生活中,每个人都是独立的个体,都因个人的职业、地位和身份的不同而有所区别,但都享受一整套公平公正的权利和义务,都需要有一定的法律制度来约束和规范自身。然而在社会生活中,由于社会角色的差异,不同的人群具有不同的经济和社会地位,从而产生了一定的阶层分化。但是在休闲体育运动的开展过程中,应始终秉持参与者平等对待的原则,每个人都享有同等的权利和待遇,当然也包含应尽的义务和职责,需要大家遵守共同的运动规则。因此在休闲体育运动中可以消解社会角色上存在的阶层差异,尽量减少歧视等不良现象,充分体现出休闲体育运动的公平公正性。这对于我国建设和谐社会具有重要的促进意义,在建设和谐社会的背景下休闲体育运动的这一发展要求更具实践意义。

在休闲运动的发展中,我们容易忽略社会弱势群体对休闲体育的需求,例如老年人、残疾人、幼儿等。因此在休闲体育运动设施、场所和服务等设计规划中应充分结合这部分群体的需求特点,关注他们的身体和心理需求,通过挖掘和创造新颖的休闲体育运动项目,为弱势群体提供适合的体育活动,充分体现休闲体育运动的公平原则,实现休闲体育促进社会和谐发展的目的。

关注社会各个阶层的休闲体育需求特点,争取建设系统、完善和科学的管理与服务体系,为各个阶层提供相应的体育休闲环境和条件,休闲体育运动的相关企业也应根据阶层的不同需求开发和设计体育商品与服务。

政府应在休闲运动发展中发挥主导作用,切实反映出休闲运动的公益性特质,休闲运动场馆和设施应增加公共投资,完善相关政策法规的实践性和针对性,使学校和其他公众休闲体育设施资源由社会各界共享。同时,我们要在使用税收等经济杠杆时发挥积极作用,促进体育休闲场所的运作,使其具有特定的社会阶级优惠或自由开放,积极参与不同的社会阶层创造体育休闲条件。

（八）休闲体育与学校体育的结合

由国家体育总局、教育部等多个部门联合开展调查并得出的中国国民体质监测公报显示,我国的青少年体质健康状况不容乐观,在身高体重、肺活量、耐力、弹跳能力和柔韧力等方面呈现下降趋势,与标准的指标要求存在较大的差距,且很多中小学生体质状况出现了超重、肥胖等不良问题。虽然我国青少年体质健康水平因人而异,与个人有密切的关系,但是这也从侧面反映出我国青少年在休闲体育与健身运动中的缺失;虽然素质教育为中小学生减轻了学业负担,为学生创造了相对较多的校外时间,但是提高学生全方面素质的教育却没有取得理想的目标。这是因为学生的大多数校外时间都被繁重的课外辅导、培训班、技能培训等课程所占据,也有部分学生过分依赖网络、电视等。这些都对学生的身体和心理健康产生了较大的负面影响,这受到了教育界和社会的普遍关注,而休闲体育的运动价值和内涵与素质教育目标相吻合,对学生的体质健康和心理素质协调发展具有促进作用。休闲体育运动不只是一种娱乐与健身的途径,还为学生提供了一个自我学习、自我提高和自我培养的教育过程,对于提高学生的综合素质能力具有显著的效果。其中不仅包含学生的运动技能、动手能力训练,而且对学生的社会人际交往能力、自信心、团结协作能力、竞争精神等具有培养作用。休闲体育运动的德育功能还表现在对教育形式改革上,通过将教育拓展到生活环境中,借助休闲体育运动的直观、生动和多样性,有利于新时期学生的思想道德建设和社会主义荣誉感的培养。另外,休闲体育运动使学生贴近大自然,在自然环境中体验运动的乐趣;改革传统的体育课程教学模式,为学生提供一个轻松、友好和愉快的沟通环境。休闲体育还可拉近学生、教师之间的距离,使他们在平等自由的活动中相互鼓励,共同进步,以此提高学生的社会适应能力。

　　在未来学校体育的发展中,应注重并加强学生的休闲体育能力培养,坚持"以人为本"和"健康第一"的创新教育理念,拓展多元化的教育路径,有效地促进他们的身心协调发展。

　　学校休闲体育运动应遵循"以人为本"的原则,即根据学生的兴趣爱好选择适当的运动项目,同时还要结合学生的身体素质条件,因人而异地制订适合学生身心发展的休闲体育运动内容,从而为学生养成良好的体育运动习惯提供基础和动力。

　　根据学生休闲体育能力改革体育教材,通过收集、整合、筛选、加工和升华与休闲体育运动相关的运动项目,将实用性、高效性和生活化特征显著的体育活动引入学校体育教材,在现代体育课程中融入具有特色的休闲体育运动项目。休闲体育运动项目与现代体育项目的融合丰富了学校体育教育,如围棋、象棋这类原本只用作休闲和娱乐的活动,通过引入学校课堂,不仅激发了学生的学习积极性,而且增添了课程色彩。休闲体育运动与体育课程的协调融合是新时期体育教育创新理念,这符合以人为本的教育理念,从而满足学生的个体需求。由此可见,体育课堂中将引入更多的具有特色的休闲体育运动项目,为学校体育注入新鲜活力,休闲体育运动与学校体育的结合是必然的发展趋势之一。

　　发挥学校在学生体育休闲中的主导作用。传统的学校教育一般不承担校外的教育义务,但是在新的教育改革理念下,学校、社会和家庭应形成三位一体的教育系统,形成良好的教育衔接和融合,因此学校应充分发挥主导作用,这是现代教育和促进社会发展的理性和可行性选择。由于学校教育具有良好的资源和环境,因此可充分发挥学校体育场馆、专业师资力量和技术指导等优势,结合学生的家庭和社区运动特点,开展内容丰富的体育竞赛、表演、训练等,为学生养成终身体育习惯和健康休闲方式创造良好的教育环境。在社会主义市场经济发展背景下探索公共教育场所的管理体制,充分挖掘校外社会教育机构的公益潜力,发挥其福利和教育价值,如各级业余体育学校,各类业余体育俱乐部,文化馆、青少年教育基地,优化利用这些场所的体育休闲服务教育功能。

第二章
休闲体育在高职院校中的发展趋势

　　高职院校体育是高职院校教育的重要组成部分,高职院校体育应强调素质教育对学生的本质的影响。现实中,高职院校体育往往过分注重短期效应而忽视长期效应,造成了高职院校体育教育与社会体育的脱节,这与素质教育目标相违背。在高职院校体育中开展休闲体育教育,可以使大学生充分认识体育锻炼在现代人生活中的重要作用,意识到正确利用闲暇时间去从事健康文明的体育活动,感受到休闲及休闲运动的乐趣;并让学生学到因地、因人制宜地选择健康、科学有益的体育娱乐方式和手段,为空闲时间进行休闲体育活动做准备。这不仅在时间、空间以及形式上为体育的素质教育提供了保障,进一步促进了素质教育实施,而且也有利于高职院校体育与社会体育的紧密衔接,充分发挥高职院校中的休闲体育在素质教育中的作用。

第一节　高职院校中开展休闲体育的现状

　　一个良好的锻炼氛围对于休闲体育的开展起着非常重要的作用。如果你身边的人都在参与运动锻炼,那么你也会自主锻炼起来。但是目前大部分高职的运动锻炼氛围较差,高职存在不重视体育的问题,对体育的宣传力度较小。这样就造成了学生过于重视学术水平而忽视身体锻炼,限制了休闲体育在高职中的广泛开展。资料显示,截至 2014 年,全国已有 49 所高等院校开设了休闲体育专业,其中高职院校有 20 所,占全国所有开设休闲体育专业的高等院校的 40.8%。

一、高职休闲体育意识文化建设模式

　　体育意识文化是体育文化的“深层文化”,是内隐性的精神文化。这是最重要的也是每一个体育工作者最值得注意的体育文化建设的问题。体育行为的改变是量的改变,而体育意识的改变则是质的升华。高职院校体育文化与其他院校相比

较,有其自身的特点。首先是参与人群的体育意识较低。调查表明高职院校的学生部分来自农村。由于我国城乡差别尚未消失,农村体育教育在硬件与软件都无法与城市相提并论,这一因素决定了他们在中小学接受的体育教育与城市学生有较大的差距,体育文化意识缺乏,高职院校体育教育中要补上这一课,尚需时日。其次是我国高职院校成立时间较短,没有其他院校长期的体育文化积淀,根基尚浅,处于建设初期。现今,我国高职体育文化建设主要存在四种模式。

第一,引导模式。在体育教学中教师引导学生从健康第一的思想出发,树立终身体育意识,全面认识体育的各种功能,从认知、情感和行为倾向等方面进行正确引导,培养人们积极参与体育运动的习惯。使学生在运动中体验乐趣,不断提高学生参与的积极性,逐渐养成终身体育锻炼的习惯。

第二,舆论模式。充分发挥舆论宣传作用,利用网络、电视、广播、标语、黑板报等形式,宣传体育知识和体育健儿为国争光的事迹,激发学生爱国热情和民族自豪感,使学生逐渐理解参与体育的社会意义,从而培养和激发他们的体育兴趣,并在体育活动中锻炼其筋骨,磨炼其意志,塑造其形象,完善其人格。

第三,明星模式。体育明星对群众参与体育锻炼意识的影响具有深远的意义。利用奥运会、世锦赛等高水平赛事中我国体育明星取得的重要成绩对学生进行体育意识的教育,培养其热爱体育锻炼有不可估量的作用。正是中国女排五连冠带动了排球运动的兴起;正是刘翔在奥运赛场110米栏的夺魁唤起了国人乃至亚洲人对世界田径运动短距离跑项目的自信。这一模式既能为社会培养一批体育特长的毕业生,又能为学院体育文化建设增加亮点。

第四,举办体育知识讲座与欣赏体育比赛。体育知识讲座是丰富学生体育知识、培养学生体育兴趣的重要手段,可不定期举办。讲座应配合体育教学任务、体育教学形势,以体育发展动态、国内外重大体育比赛、新兴体育项目专题介绍为主线,注重培养学生对体育的兴趣。如在介绍学校体育任务时,要强调、详细论述、"终身体育意识",使学生理解其真正含义,充分认识到体育无论是现在还是将来都是自己学习、生活中必不可少的一部分,使其感到有知识可学,用得上,愿意学。在介绍一些体育比赛、新兴体育项目时,应注意讲解其规则、基本技战术知识,以利于培养和提高学生对体育比赛的观赏水平。否则,不懂规则的学生要么不看比赛,要看也只是在"看热闹"。认识提高了,兴趣增强了,学生对参加体育锻炼,就会由被动变主动,由消极变积极。在条件允许的情况下,遇重大体育赛事,组织学生收看转播,适时播放一些精彩的比赛录像,这不仅可以拓宽学生的知识面,丰富其课余生活,而且通过观摩、欣赏去学习运动员的拼搏精神、顽强的作风和集体主义荣誉感,利于培养团队精神,陶冶学生的情操。事后可适时组织讨论,使学生加深对比赛项目的理解。讨论可围绕一点,也可全面展开。这种模式,有利于教师及时发现问题,便于在日后加以解决。

二、高职院校休闲体育行为文化建设模式

体育行为文化是体育文化的"中层文化",是学校体育文化的综合形态,一个学院体育文化建设成果如何,其最终表现形式就是体育行为文化。

第一,体育课。体育课是高职院校体育文化建设的最基本的手段,体育课程设置直接影响体育行为文化建设的进程。体育课中,除给学生讲授体育理论知识、运动技术技能、科学锻炼身体的方法外,更重要的环节是情感教育过程,陶冶学生审美情感,培养学生集体主义精神等。蔡元培先生曾指出:"体育中含有大量的美育因素,体育是实施美育的重要手段之一。"在多姿多彩的校园体育文化中,各个运动项目,各种身体练习,体育竞赛与表演,以及主体育雕塑、体育建筑、体育场地等,都可以使学生受到外在美和内在美的熏陶。逐渐成熟完善的现代体育教育,是学生获得丰富的、多种多样的美的情感体验的重要途径之一,在潜意识中培养学生健康的审美观念和热爱美的情感,提高学生鉴赏美、创造美和表现美的能力。校园体育文化氛围的建立使得这种潜意识在日常的学习、课外活动中给予大学生一定的影响,帮助大学生树立自己的审美观,培养自己的审美能力。

第二,课外体育活动模式。重视课外体育锻炼,课外体育活动形式是丰富多彩的。首先,加强课外体育辅导的力度,适当提供体育器材,满足锻炼需要,诱导其参加课外体育活动的兴趣。各系、部与体育任课教师应积极配合,做好课外体育辅导,组织开展一些体育比赛;与此同时辅导教师还应注意对体育人才的挖掘和培养,使其成为骨干分子,特长较突出者也可充实到院运动训练队中,发挥所长。其次,作为对课外体育活动内容的补充,课外体育训练应引起足够的重视。课外体育训练既可以"走出去",又可以"请进来"。"走出去",参加一些体育比赛,体育公益活动;"请进来",承办一些校际高水平体育比赛。这对于成立不久的学院来说也是很好的公关行为,会使学院的知名度快速提高。学生会有一种强烈的荣誉感和自豪感,其在学习过程中的个人行为也就会自觉融入学院健康向上的大环境。运动代表队取得好的名次对带动、引导更多的学生参加体育活动,会起到意想不到的效果。

第三,运动会、体育节模式。高等院校开展体育文化节是全民健身的重要举措,对大学生全面提升素质,建立科学、文明生活方式,促进高职院校竞技体育和群众体育都有很大作用,对提高中华民族健康水平都具有重大意义。这一模式是高职院校体育运动水平的展现,也是高职院校体育文化的具体体现。充分发挥运动会、体育节的能动性能敦促学生养成自觉参加体育锻炼、热爱体育运动的良好习惯。

三、高职院校体育物质文化建设

高职院校体育文化的"表层文化"就是外显的物质文化,表现为校园体育运动的形式、设施等可直观的物质形态,如校园内的体育场馆、体育设备、体育器材等。体育建筑、场地、设施是学生进行体育锻炼时不可少的物质基础。

第一,院校自身建设模式。在我国,院校每年对体育场馆、体育设备、体育器材等的修建、维修都投入不少经费,这是院校建设的需要,也是院校体育教学的必备条件。高职院校体育物质文化建设必须建立在院校自身建设基础之上,离开院校自身建设谈体育物质文化建设是舍本逐末,无源之水。

第二,市场模式。把市场机制引入体育文化建设之中,可以广泛地筹集资金。高职院校体育文化的发展离不开经济基础,活动需要经费,宣传、奖品也需经费,没有经济基础将举步维艰。然而,目前学生人数增多,学校平均分摊到每个学生头上的体育经费是极其有限的,因此只有将市场机制引入体育文化建设中,才能求得生存和发展。高职院校本身就是一个大市场,可以与企业联合,拉赞助、做广告、推销新产品,以筹集活动资金,也可以由学生自筹经费或各系自筹经费举办体育活动,由体育教师进行指导。

新时代,我国高职院校体育文化建设呈现出丰富多彩的局面,对高职院校体育文化建设具有积极的作用;但高职院校体育文化建设尚处于初级阶段,其发展和完善是一个长期艰巨的过程。无论采用何种或几种体育文化建设模式都必须适合新时代高职院校教育的需求;体育教师的积极参与是高职院校体育文化建设的一个动力因素,他们应在高职院校体育文化建设模式的选择过程中,发挥主导作用。力倡坚持把体育课程建设与高职院校体育文化建设有机结合起来,让两者相辅相成,相互促进;把舆论、明星教育与体育知识讲座相互结合起来,让学生积极参与到校园体育文化建设中来;把学院自身建设与社会市场机制相统一,促进学院体育场地、设施的完善,为体育文化建设提供物质帮助。

休闲体育在我国受到关注是近几年才开始的,在高职院校倡导休闲体育运动必须经历一个必要的历史阶段。目前,我国高职院校中开展休闲体育才刚刚起步,从一定意义上讲,高职院校开设休闲体育是对我国传统体育认知的一个新突破。在学科建设中增设"休闲体育"专业,培养专门人才,让我们对体育和休闲的再认识有了更广阔的空间。此学科的设置突出了时代特点,尤其将过去的社会体育、大众体育、竞技体育,拓展到人来享受体育,这是体育教育与教学的一大进步。过去在体育课程的设置中,一般关注社会体育、大众体育、竞技体育。而社会、大众、竞技的体育都忽略了个体的人。事实上,社会体育和休闲体育的内涵与外延有很大的差异。社会体育,强调的是社会与体育的关系,社会对于人来说,它是一个客体。

休闲肯定是人的活动,休闲体育的主体当然应当是人,强调人的参与、体验、感受,以及由此给人带来的活力、激情、审美、创造力。这应当是体育的本质特征。休闲体育虽然在我国刚起步,它标志着我们对体育、对人都有了一个新的认识。

四、休闲体育教育发展方向

我国学校休闲体育的发展具有明确的方向,想要对其进行详细研究需要知道我国休闲体育教育发展概况、我国休闲体育专业的发展概况、我国休闲体育教育存在的问题及我国休闲体育教育的未来发展等内容。

（一）休闲体育教育发展概况

在我国,休闲体育教育起步相对较晚,其内涵还需深入挖掘。从 20 世纪末的零星启蒙文献到 2012 年教育部将"休闲体育"列为本科目录内专业,只经历了十几年。随着我国社会经济的快速发展,人们的体育教育观念发生了根本性的变化,越来越多的人开始重视休闲体育。在这种背景下,我国休闲体育教育开始逐步形成规范的教育体系,推动我国休闲体育的普及与发展。从发展时间上看,我国休闲体育教育大致分为两个时期:休闲体育教育萌芽时期和休闲体育教育快速发展时期。

1. 休闲体育教育发展萌芽时期

20 世纪 80 年代至 21 世纪初期是休闲体育教育发展的萌芽时期。在这一时期,我国经济快速增长,人们生活水平逐步改善,人们的健身意识不断增强,更多人开始重视健身运动。另外,一些具有敏锐洞察力的学者开始注意休闲体育的相关变化,并对其理论与实践展开深入研究。这些努力都为日后休闲体育教育的发展奠定了重要基础。前者通过研究发现,很多休闲类学术著作是以大众休闲方式为研究对象,而专题性、专业化的休闲研究文章较少,这也为日后理论探索的发展指明了方向。

2. 休闲体育教育快速发展时期

21 世纪初至今是我国休闲体育教育的快速发展时期,这一时期的理论研究呈现出快速发展的态势。究其原因,是居民可支配收入增长和个人闲暇时间的增多,在这种环境影响下,越来越多的学者敏锐察觉到这一时期社会文化现象的变化与发展,开始从多个领域研究休闲体育理论。从休闲体育教育教学内容角度出发,学者们展开了更为广泛的理论研究。同时也从历史和文化的高度上认清了休闲体育的重要性,通过分析休闲与文化、经济、政治的关系,来说明休闲的重要性。人们在自我发展的过程中,实现了人与人、人与社会的协调发展,找到自我,活出真实的自己。

（二）休闲体育专业发展概况

休闲体育发展是一个循序渐进的过程,其专业化发展是其发展成熟的一个重要标志。随着生产力的快速发展,人们逐渐进入了休闲社会,一些社会特征开始明确显现出来,并成为人们研究的一个重要领域。特别是进入 21 世纪之后,这种社会特征更加明显,人们在这种社会氛围中享受社会发展带来的便利时,又会面临物质条件和闲暇时间增多的一种空虚,特别是在如何合理规划休闲还没有形成科学的思想体系,也没有掌握相关专业技能的情况下。针对这些情况,越来越多的人呼吁培养更多的专门性休闲体育人才来满足发展需求。为满足这些不断增长的发展需求,需要推动休闲体育专业发展,培养休闲体育所需的高水平专业人才,让更多的人为休闲体育做贡献。以下从专业发展历程、专业培养目标及专业课程设置三个方面展开。

1.休闲体育专业发展历程

2003 年,武汉体育学院联合广州体育学院向教育部申报休闲体育专业,成为该领域专业建设发展的排头兵。2006 年,广州体育学院申报该专业获得批准,并于 2007 年开始面向全国招生,揭开了我国休闲体育专业发展的新篇章。随后几年,武汉体育学院、首都体育学院、上海体育学院、沈阳体育学院、西安体育学院、山东体育学院、杭州师范学院、常州大学等院校相继开办了休闲体育专业。在 2011 年经教育部备案或审批同意设置的高等学校本科专业名单中,北京体育大学、河北体育学院、南京体育学院、曲阜师范大学、北京师范大学珠海分校、海南大学三亚学院、成都体育学院等 7 所院校获得了休闲体育专业的办学资格。

2011 年 5 月 2 日,教育部公布的普通高等学校本科专业目录中,"休闲体育"作为"新兴专业"被设为"体育学类"七个专业之一。从这一事件可以看出国家对休闲体育专业发展的支持和认可。有了国家的支持,休闲体育专业的发展会更加规范化和专业化,这也为休闲体育教育理论体系的构建奠定了坚实的基础。

2.休闲体育专业培养目标

一门专业必须有自己明确的培养目标,培养目标是学校教育教学活动的出发点和落脚点,是根据社会发展和社会需求来制订的。从当前开设休闲体育专业院校的情况看,由于学校办学类型、办学方向、所处地域不同,专业培养目标也各不相同。但总体人才培养目标都围绕"应用型人才"和"复合应用型人才"两种类型开展。应用型人才培养目标主要关注、培养具有休闲体育基本理论、知识与技能,能胜任在各类学校、企事业单位、协会社区、健身俱乐部、体育旅游等部门或行业从事休闲体育服务、组织、健康管理等方面工作的人才。而复合应用型人才培养目标主要关注培养,不仅要掌握休闲体育基本知识和技能,有较强的休闲体育实践能力,而且要懂休闲体育有关的经营与管理,能从事休闲体育相关的指导与服务、经营与管理、策划设计等工作。

3.休闲体育专业课程设置

专业课程设置既是休闲体育教育的重点,也是休闲体育教育的难点。专业课程主要是为实现休闲体育专业培养目标而制订的。从当前发展情况来看,我国休闲体育专业课程主要由公共基础课程、专业基础课程、专业主干课程和专业选修课等课程内容组成。公共基础课程大致相同,主要包括马列原理、大学英语、计算机基础等课程。专业基础课程与之有所不同,但主要课程也大致相同,主要包括体育学概论、体育管理学、体育社会学、休闲学基础、休闲体育导论等课程。专业主干课程因地域不同课程内容也有所不同,一般有基础休闲学、休闲体育概论、休闲体育社会学、休闲体育产业学、休闲体育管理、休闲体育经营与商业开发、休闲体育教育学、休闲体育心理学、运动人体科学、休闲体育理论与方法、休闲体育市场开发与营销。专业选修课程因学校的办学目标以及办学特色不同而不同,有的院校注重休闲体育产业与经济方面的发展,就会围绕体育产业概论、体育产业与经济、体育赛事经营管理、体育科研方法、公共关系学、体育产业经济学、休闲体育统计学、休闲体育俱乐部经营与管理等课程展开;有的院校注重休闲体育传统文化的传播,就会围绕体育心理学、体育教育学、人体科学基础、中华传统养生、运动损伤防治与急救、运动处方、康乐体育服务与管理等课程展开。

(三)休闲体育教育存在的问题

休闲体育教育专业成立以来,呈现出良好的发展势头,但我们应该充分认识到我国休闲体育发展只经历了一段很短的时间,还存在很多问题,其专业发展面临着基础薄弱、经验不足、师资力量缺乏等现实情况,这需要人们认清问题实质,找出解决问题的方法。具体来看,我国休闲体育存在以下几个方面的问题。

1.专业缺乏独立性,特色不明显

国内开设休闲体育专业的院校大多是从体育管理、体育经济、社会体育、体育健康等专业中划分出来的,因此,深入研究可发现其存在专业缺乏独立性、特色不明显的问题。休闲体育是社会发展的必然产物,与社会经济发展有密切关系,特别重视人的精神层面的价值含义。因此,在休闲体育专业人才的培养过程中,除传授基本的理论知识外,还要介绍健康管理方面的有关内容,真正突显休闲体育的专业特色,培养出现代社会发展的专业人才。具体来看,休闲体育专业要真正从其他专业或者院系中剥离出来,形成自己独立的专业特色和办学方向,推动休闲体育专业的科学化和现代化发展。

2.人才培养目标不统一,缺乏指向性

休闲体育专业要培养什么样的人才,是学校开设此专业前必须首先要考虑的问题。学校应根据社会需求培养符合要求的应用型人才和复合型人才,遵循教育发展的一般规律。目前,造成我国高校休闲体育专业人才培养目标不相同的原因主要包括：一是各高校可利用的教学资源、教学条件不同，人才培养目标不统一；二是有些学校的专业人才培养方案是在借鉴其他学校专业培养方案基础上确定的，没有结合自身的实际情况，存在很大的不确定性；三是人才培养目标没有根据社会发展需求而改变，人才培养目标缺乏时代性和系统性；四是我国教育部没有出台相应的休闲体育专业规范，人才培养目标缺乏指向性。

3.课程设置不合理，缺乏科学性

课程体系是实现人才培养目标的重要环节，因此，课程设置是否合理、是否科学，不是个别人说了算，而是要经过专门的科学论证才能确定的。目前，我国休闲体育专业课程缺乏科学性，主要表现在：其一，很多学校的专业课程体系完全按照"专业基础课程＋专业核心课程＋专业方向课程＋专业选修课程"的模式，缺乏变通性和灵活性。其二，很多学校还按照传统的"体育教育专业"课程模式开展，过于保守，并不适应多数学生发展的需求。因此，在课程设置上不仅要重视学生社会实践能力的培养，更要充分考虑休闲体育的性质和特点，培养出适应社会发展的专业性人才。其三，在课程设置时没有充分考虑学生的个性化需求，不能满足不同学生的兴趣爱好。因此，要把个性化和专业化培养模式放在一个重要的位置上，才能符合休闲社会的发展趋势。

4.专业性师资力量缺乏

目前，我国休闲体育专业的教师队伍多数是从原有专业的师资力量中分离出来的，其专业水平很难得到保障。因此，专业性师资力量缺乏是目前专业发展中的一个现实问题。所以，随着休闲体育教育专业化进程的加快，培养休闲体育教育的专门人才是推动我国休闲体育健康发展的重点和难点。

以上几个方面是我国休闲体育专业发展过程中面临的重要问题，同时也要注意其他产生影响的问题，做到全面分析与考虑。

(四)休闲体育教育的未来发展

休闲体育是为适应不断增长的社会休闲需要而产生的一种新的体育形式。作为专门培养人才的休闲体育教育，它会以其独特的方式推动该领域的快速发展，其前景广阔、势头迅猛，值得更多的人关注。休闲体育的未来发展主要表现在以下几个方面。

1.形成专业特色

休闲体育教育专业建设需要在教育部的指引下，由全国该领域专家共同研究。在建立专业规范过程中应重点考虑以下几方面的问题：一是规范涵盖内容要准确和广泛，要为各学校办学提供灵活的发展空间，二是要突显专业特色，不仅要考虑国内休闲体育的未来发展方向，还要学习和借鉴国外高校的专业发展模式，以建设符合中国特色社会发展的休闲体育教育专业。

2.确立专业发展方向

休闲体育教育一旦明确了人才培养目标,就要确立专业发展的未来方向。这里不仅考虑针对性较强的休闲体育运动技能、基础知识、实践操作能力,还要考虑具有专业特色的休闲体育经营管理、休闲体育健身指导、体育健身休闲服务、休闲体育设施的规划设计等高层次培养目标。

3.建设科学的课程体系

休闲体育教育专业课程设置的好坏,直接关系到人才培养目标能否顺利实现。所以,各高校应结合社会发展的具体要求,合理建设自己的课程体系。休闲体育教育专业课程设置不仅要经过校内外专家的充分论证,还要根据专业的发展需求进行改变,一定要符合教育发展规律和专业发展的需求。

4.打造专业的教师队伍

一支高水平的专业师资队伍是实现休闲体育专业人才培养目标的重要保障。因此,想要办好休闲体育专业,必须畅通师资建设渠道,打造一支专业化的教师队伍。具体来看,不仅要选派部分专业性强的教师到休闲体育专业发展比较好的地方学习,还要加强专业教师流动,真正做到为我所用。在这个过程中不断吸收一些新思想、新理念、新方法,构建符合我国国情的休闲体育专业的发展平台。

休闲体育是一种文明、健康、科学的休闲生活方式。休闲体育不论在科学研究还是实际操作上,不论在专业建设还是服务管理上,都需要大家的共同努力,不管该领域如何变化,我们的总目标只有一个,那就是推动我国休闲体育事业的全面健康发展。

第二节　高职院校中开展休闲体育教育的内容

休闲体育教育的概念自古有之。最早在古希腊时期,先哲就提出了对闲暇人的教育,称为"自由教育"。这里的"自由教育"是相对于职业教育而言的。现代英语中的休闲体育教育包括三个不同的解释:第一种解释是把休闲体育作为一门教育的学科,主要侧重于传统休闲体育活动的学习,如体育、游戏、艺术、竞赛等,它是学校教育的一个重要组成部分,也是中小学课程的重要组成部分。第二种解释是把休闲体育作为一种教育的情境,通过休闲体育进行教育,如通过夏令营活动达到教育的目的。第三种解释是把上述观点结合起来,它是一个宽泛的抽象概念,不仅指学校中进行的休闲体育教育,还包括社会中其他各种类型的休闲体育教育。

一、休闲体育健康观念的培养

良好的休闲体育观直接关系到休闲体育的体验,而良好的休闲体育教育是塑造和明确休闲体育价值观和休闲体育目的的过程,它能够提供一套价值观念,使人们学会从休闲体育的角度来认识自己。同时,也能够帮助人们建立评判休闲体育行为的标准体系,引导他们进行积极健康的休闲体育活动。

在现代社会的工作伦理下,工作俨然成了主要的生活方式和人生的终极目标。功利主义大行其道,即使有一部分人认识到休闲体育的价值,也局限于炫耀的心理,把对时间的消费作为地位和财富的象征,休闲体育也逐渐背离了其真正的内涵;而更多的人则忽视了休闲体育的价值及意义,对休闲体育存有消极的看法。在这种情境下,社会迫切需要休闲体育方式的供给和休闲体育态度的培育来缓解社会的冲突和压力,家庭也需要培养休闲体育习惯来增进家庭成员之间的了解,个人也需要转变休闲体育观念,掌握自我调适的技巧,通过休闲体育活动来舒缓社会压力,达到身心的放松。而观念的转变无疑成为这样一个转变过程的核心,因为价值取向是不同世界观主导下的对某个事物的看法和观点,是个体评判是非对错、是否有价值及意义的标准,因而不同的休闲体育价值取向主导下的休闲体育行为是有巨大差异的。所以,在休闲体育教育中把健康休闲体育观念的培养居于核心地位,是休闲体育教育成功与否的关键。

二、休闲体育技能的培养

在教育体制中,休闲体育教育应占一席之地。应该以休闲体育活动的参与为基础,不断提高休闲体育技能,建立起一套教育理念。不要从狭隘的、填鸭式的、以证书为目的的角度理解休闲体育教育,应该从最本质的、最贴切的意义上理解教育——一种思考和学习的过程。我们的正规教育体制,不论从教学方法还是从各门功课的实际应用来看,都是以工作为核心设计的。很多休闲体育活动没有一定的技巧就不能享受其中的乐趣,而这些技巧是要通过正规学习才能掌握的。休闲体育教育能够传授技巧,增强鉴赏力,使人们产生对休闲体育活动的兴趣;更为重要的是,休闲体育教育能够培养正确的休闲体育价值观,让人们选择积极的休闲体育方式,激发个人的兴趣。

20世纪以来,我国学者围绕着休闲体育与教育的关系展开了激烈的讨论,对休闲体育教育的内涵及外延还未达成一个共识,更多的是侧重休闲体育的教育价值讨论,而本书则主要从休闲体育的内在教育需求入手,分析休闲体育教育的内容。休闲体育与教育有着密切的关系,一方面是由于人们在工业快速发展的背景下需要学习休闲体育的态度,另一方面是在现代社会的语境下人们更需要学习休闲体育的方式。同时,大多数休闲体育活动都与教育有着极大的相关性,教育在有些休闲体育活动中成为主要内容。因而,休闲体育教育可分为两方面,对休闲体育态度的学习和对休闲体育技能的培养。本节主要讨论休闲体育教育需求产生的原因,教育在休闲体育中可能采用的几种方式,以及教育与休闲体育态度重塑的关系。

三、学校休闲体育教育

学校教育是一个人在一生中较集中地学习知识的时期,持续时间也较长。学校教育是一个从幼儿园就开始的循序渐进的过程,同时也是一个不断发展变化的过程。随着受教育者年龄的增长,休闲体育需求也在发生变化,对休闲体育技能的要求也在不断提高。因而对学校教育而言,最重要的就是如何在知识讲授的过程中潜移默化地渗入休闲体育教育的内容,并根据不同年龄段的需求进行多样的休闲体育教育。为了达到这个目标,很重要的一点就是学校必须把休闲体育教育从课外活动带回到正规课程上来,使教育过程更有休闲体育色彩。这是要求学校不仅把休闲体育教育作为学校教育的一部分,而且要引导学生构建健康的休闲体育伦理观,培养学生逐步适应具有这种休闲体育伦理的社会,因而学校首先要创造一个健康休闲体育的氛围。具体地说,可以在学校硬件设施的设计上增添一些休闲体育氛围,增添装饰,改变学校死板、严肃的形象;可以在课堂教学中加入一些娱乐性学习的成分,并给学生以自由实践的机会,在课余时间里给学生更多参与游戏、发展兴趣爱好的时间;在学校中提倡自律,使学习的过程成为一个外在的约束机制逐渐被学习者的自我约束和好奇心所取代的过程。

四、休闲体育的社会教育

这一部分的教育可由社会这个大的支持系统来完成,包括地方性休闲体育服务机构、城市休闲体育和娱乐管理机构、国家级休闲体育娱乐产业管理职能部门,由他们共同组成一个社会休闲体育教育系统。主要提供休闲体育技巧的正规指导和社区现有休闲体育资源的信息,介绍休闲体育新理念,满足特殊人群的休闲体育需求,提供特殊内容的休闲体育安排,等等。目的就是营造一个休闲体育终身教育的平台,满足不同时间段人们的休闲体育需求,引导人们进行健康的休闲体育活动。这个大的社会休闲体育教育网络由各个职能部门组成,并由国家休闲体育产业发展部门来统筹,保证各个休闲体育服务机构能积极参与到休闲体育教育中来。尤其是要加强针对成人群体的休闲体育教育,吸引社会中的弱势群体真正地参与到休闲体育活动中来。这需要通过调研了解不同社会群体的休闲体育需求,以使休闲体育产品多层次化。

五、休闲体育资源的开发

(一)公共类城市休闲体育资源

公共类城市休闲体育资源具有广大的群众基础,多数城市居民的休闲体育都属于公共类城市资源,例如备受人们喜爱的公共社区体育设施、器材,各居民区所开发的小型广场、社区健身活动中心,城市的绿化地、道路、各类型公园、环城绿地游憩带、公共广场,等等。

(二)场馆类城市休闲体育资源

场馆类城市休闲体育资源质量较高,具有一定的专业水平,一般大型城市中这类休闲体育资源的规模较为突出,而在中小型城市中此类休闲体育资源开发和建设还比较落后。各省、市、区由政府及相关部门所建立的大型体育运动场馆,以及各高校对外开放的学校体育场馆、体育设备和器材等,如足篮排球馆、乒乓球馆、羽毛球馆、田径场地、舞蹈馆、游泳场、网球场等,这些场馆包含各种类型的运动项目。

(三)会所服务类城市休闲体育资源

目前,会所服务类休闲体育资源的开发如火如荼,城市休闲体育组织者积极开设休闲体育俱乐部、体育活动组织、体育活动协会等,丰富了城市居民的休闲生活。这类休闲体育资源根据人们的兴趣倾向建立了以各种项目为主的现代健身会所或俱乐部,为人们安排了各种休闲体育项目的学习课程,如跆拳道等,对推动国外大众休闲体育的发展起到了重要作用,并成为各国休闲体育发展的重要标志。发达国家政府几十年来推行的大众体育路线已经开始显现成效。人们参加体育活动的积极性愈加高涨,国民身体素质明显提高,新兴休闲体育项目层出不穷,社会健身氛围日益浓厚。国际体育组织进一步加强联络与合作,以积极、主动的姿态推进大众休闲体育在世界的发展。国际组织提出以"全球运动"为主题的广泛的活动,均体现了国际休闲体育向全球化、一体化方向发展的大趋势。由于休闲体育的发展走向社会化和市场化,休闲体育组织体系也趋向多元化,政府组织、非营利组织和企业组织形成了三足鼎立的局面,互相监督、互相制衡。

第三节　高职院校中开展休闲体育的必要性

休闲体育是符合时代发展要求的,是一种更加健康、科学、文明的生活方式。在高职院校开展休闲体育符合体育教学改革的要求,能更好地实现人才培养目标,促进学生身心健康发展,满足校园体育文化的多元化建设,实现终身体育的教学目标。

一、高职院校学生的扩招

据统计,2018 年,全国有职业院校 1.17 万所,年招生 928.24 万人,在校生 2685.54 万人。在现代制造业、新兴产业中,新增从业人员 70% 以上来自职业院校。职业教育已经具备了大规模培养技术技能人才的能力,为国家经济社会发展提供了不可或缺的人力资源支撑。

根据 2019 年 3 月 5 日新华社消息,提请十三届全国人大二次会议审议的政府工作报告提出,改革完善高职院校考试招生办法,鼓励更多应届高中毕业生和退役军人、下岗职工、农民工等报考,2019 年大规模扩招 100 万人。加快发展现代职业教育,既有利于促进就业,也是解决高技能人才短缺的重要举措。报告提出,扩大高职院校奖助学金覆盖面、提高补助标准,加快学历证书和职业技能等级证书互通衔接。改革高职院校办学体制,提高办学质量。中央财政大幅增加对高职院校的投入,地方财政也要加强支持。设立中等职业教育国家奖学金。支持企业和社会力量兴办职业教育。"中国制造需要中国技工。"来自哈尔滨九洲电气股份有限公司的全国人大代表李寅介绍,随着新能源技术的发展,公司将新招聘大批职业技术工人,"大力发展职业教育,为社会和企业培养高素质技术技能型人才,是传统制造业转型发展、企业实现智能制造的有力保障"。

体育文化成为社会主流文化之后,休闲体育也很快发展成为现代大学生生活方式的重要组成部分。有研究人员发现:学习时间之外,学生喜欢的 15 种休闲类活动中,有 9 类活动属于体育活动,还有 2 类是与体育有关的活动。这个结果表明:现代大学生的休闲活动中体育内容占有相当大的比例,达到 73.33%。当今,步入休闲时代的人们对体育的需求更多的是对高品位、高质量的生活方式的追求,是保持旺盛的生命活力的有效方式,是体现生命价值、享受生活快乐的重要途径。

二、休闲体育紧跟时代发展

随着改革开放的深入,生活水平的提高,现代意义的休闲方式已经走进寻常百姓的生活,休闲已经成为大众文化的时尚。传统的休闲只追求恢复体力,局限于生理上的休养生息。现代休闲则不仅追求生物性的恢复功能,而且更追求精神上的享受和人的全面发展。同时,休闲也不再是消极地打发时日、消磨时光,而是主动减少"无事休息"和家务劳动时间,来增加休闲机会,进行完善和实现自我。这充分体现了人们对休闲价值的认识和对自我价值的关注。

（一）经济发展为休闲体育提供物质保障

21 世纪是休闲的世纪,是休闲体育飞速发展的世纪。从国际发展经验来看,人均 GDP 达 3000—5000 美元,消费结构向发展型、享受型升级的时期已经到来。根据国家统计局的统计,我国跨过了人均 GDP3000 美元的门槛,在中东部的一些大城市已经远远超出了这个水平,为休闲体育发展奠定了经济基础。

(二)充足的时间保障了休闲体育发展

休闲体育的概念中,提到了充足自主的休闲时间,而我国目前的休假制度已经给予了充分的保障。我国自 1995 年起,施行每周 5 天工作日的制度,2014 年开始实施《全国年节及纪念日放假办法》,共有元旦、春节、清明、劳动、端午、中秋、国庆 7 个节日共 11 天休假;对妇女节、青年节、儿童节、建军节及少数民族节日也做出了相应的规定。同时,国家出台了职工带薪休假的规定,从而保障了法定假有 100 多天。时间的充裕,促使人们追求休闲质量,创新休闲方式,促进身心健康,使休闲体育成为最佳选择。

(三)休闲意识增强推动了休闲体育的发展

充足的法定假日使人们开始思考如何度过,充裕的经济条件使人们开始愿意为自身的健康去消费,健康养生的思潮使人们开始寻找一个可以使自己身心健康的生活方式。休闲意识不断增强,影响着人们的生活方式,影响着消费习惯,改变着传统的消费结构,用于休闲体育的消费逐年增加,推动了休闲体育行业的飞速发展。

(四)人才匮乏使休闲体育必然走进高职院校

经济上允许、时间上充裕、思想上愿意、空间上可以,必然推动休闲体育的繁荣发展,使休闲体育成为一个可持续发展的行业。但是,目前我国休闲体育行业的人才却极度匮乏,服务管理人才更是紧缺,无法满足行业发展的要求。例如,在高尔夫运动中,球童应该是熟知球道攻略、个人技术,能够提供合理建议的专业人员,在为外籍会员服务中,也必须能够进行很好的沟通。这种在休闲体育中,特别是高端休闲项目中服务人员素质偏低、文化知识较少、服务技能较差与消费者期望较高的矛盾日趋严重,对于优质的休闲体育服务与管理人员的渴求,必然推动休闲体育专业走进高职院校。

三、高职院校开设休闲体育专业的可行性

(一)成熟的体系,先进的经验

在国外,休闲体育行业早已成为经济发展的助推器,休闲体育专业在部分发达国家也有了几十年的历史,特别是在美国、加拿大、英国、澳大利亚等,高职院校、专业设置、学历层次、专副修的形式都已经成熟,其中,博士层次的高校就有几十所。例如,英国休闲专业大体分为服务性学科、统筹类学科、专业技术学科。这些已经

成型的办学体系,先进的办学经验,都是我国在发展自身休闲体育时可以借鉴的。

（二）合理的规划,宝贵的时机

在国家层面上,"推动文化大发展大繁荣,提升国家文化软实力"已经是我国未来五年发展的重点,发展文化事业和文化产业成为主要的工作内容。各省也制定了自己的文化产业发展规划,在国家宏观政策的调控下,在推动经济转型,提高文化"软实力"的同时,为我国休闲产业的发展指明了方向。

（三）好的平台,灵活的形式

高职院校与普通本科教育的最大区别,就是职业技能的学习。为了加强学生职业技能的学习,高职院校已经形成了校内理论学习的平台、有针对性的社会实践平台、就业率高的就业平台,这使得学生可以在学校学习先进的理论知识,在实习岗位得到真正的锻炼,到真正需要的岗位去工作,从而完成人才的培养。同时,为了更好地使理论与实践相结合,强化学生的动手能力,高职院校通过"企业校""订单班"等灵活高效的联合培养模式,培养休闲体育人才,具有较强的竞争力。

（四）系统的分析,准确的定位

高职院校在发展休闲体育专业之前,要对休闲产业、休闲体育行业进行深入的了解与系统的分析,结合自身的优势,准确定位,针对行业中的某一点或一个方面,集中优势发展,确保开设专业的生命力。目前,在休闲体育行业的推动下,休闲体育专业在我国刚刚兴起,国内仅有个别的体育类与师范类高校开设了相关专业。因此,高职院校可以了解整个休闲体育产业链中的各个环节,把握未来的发展方向,寻找适合自己而又可以长期发展的切入点,在核心专业方向上独具特色,培养市场急需的休闲体育人才。

四、休闲体育在高职院校中的发展

（一）高职院校学生有充足的时间进行休闲体育运动

休闲体育运动种类繁多,然而要真正坚持下来,并取得健身、塑形等实际效果则需要付出很多时间和精力,即使最不需要技巧的步行、慢跑,也需要每天坚持半小时以上方有效果。工作忙碌的上班族可能难以抽出时间,高职院校学生则不然。相对于中学生,高职院校学生的课业负担较轻,在校期间有更多的课余时间供自己支配。此外,目前高职院校学生的寒暑假和法定假日加在一起,一年有100多天的假期,为其进行休闲体育运动提供了充足时间。而且,面对如此充裕的时间,对于高职院校学生来说,怎样度过也是个值得考虑的问题,而休闲体育无疑是一个门槛低、健康有益的选择。

（二）高职院校学生有进行休闲体育运动的需求和初步认识

一方面，很多高职院校学生主动或被动地选择通过体育运动这一形式来释放自身的精神压力，如男生在篮球场上挥汗如雨，女生每天早起晨跑，等等。另一方面，随着健康观念的广泛传播，在当今的高职院校中，更多的学生开始有了休闲体育运动的需求，并对其形成了初步认识。随着经济的发展，时下不少高职院校在校生也有相对充裕的资金用于休闲体育消费。他们通过这些休闲体育运动让自己的身心更健康、体形更健美、交友更广泛。如很多高职院校男生习惯办一张游泳卡，每周进行两到三次游泳锻炼，而女生的投资则大多数用于健美塑身类的休闲体育项目上。

（三）高职院校休闲体育及其文化的发展受到多元文化的冲击

信息时代给人们带来了前所未有的便捷，也相应地裹挟了异常繁盛的休闲文化进驻高职院校。很多学生沉迷于网游、手游，刷微博、微信，浏览各类网络小说、视频，成了电子产品的强烈拥护者和无法自拔的"低头族"。一方面，这些文化产品网络监管不严，未必完全健康；另一方面，长期坐于电脑前或低头玩手机既不利于高职院校学生与同学朋友的现实交流，也不利于其身体健康，更占用了他们走到室外，体验休闲体育运动的时间和精力。

（四）高职院校休闲体育缺乏系统化引导措施

由于休闲体育运动在高职院校中刚刚开始受到人们的关注，大多数高职院校的管理者虽然也倡导学生多运动，却没有成熟的系统的思想文化引导高职院校学生进行休闲体育运动。由于没有系统的思想文化指引，目前在高职院校里休闲体育运动多为个体自发活动，缺少组织，也难以形成规模。

五、加强校企合作

校园体育文化作为一种社会文化，借助体育价值观、体育教学、体育竞赛、体育场地、体育器材、体育代表队等因素，发挥育人功能，构建校园和谐环境，提高学生成长的积极性，适应社会发展需求。然而，目前高职院校由于起步晚、底子薄，在办学质量、师资力量、器材场地、制度建设等方面都不够完善，严重制约了体育事业的发展，阻挠了技术型人才的培养，与国家大力提倡和发展高职教育的整体思路相违背。加强校企合作，利用企业资金，融合企业文化元素，加强体育组织系统建设，将对高职院校校园体育文化的建设起到积极推动作用。同时，加强校企合作，还能为企业提供体育活动指导及场所、器材和裁判，也可为企业组织竞赛活动提供策划与组织，为企业经营搭建良好的市场平台，实现双赢。

构建高职院校特色体育赛事文化。大学时代恰值学生成长的关键时期，为了引导学生亲身参与学校的体育赛事,体味人生追求的真谛,体验体育竞赛带来的乐趣,感受校园文化气息,激励他们健康成长,应把开展特色体育赛事作为构建高职校园特色体育文化的重要组成部分。高校举办体育赛事的经费来源主要是教育行政机构的划拨。但是,开展高质量、大规模的训练、竞赛活动或是添置高档体育设备的经费在一定程度上相当有限,使学校体育活动的开展受到很大的制约。通过与企业合作,主动搭建高职体育赛事平台,获得企业赞助的资金和物质支持,达到体育赛事的融资目的,弥补体育活动资金的相对不足,这就可从积极角度扭转局面,配备不同教学内容所必需的场地和器材,尽可能地满足学生所需,夯实校园体育文化发展的基础,进而有利于推动特色鲜明的高职体育活动的开展,提高档次和水平。在赛事活动中,可利用校园宣传横幅、宣传画等,展现高校文化氛围和高雅气息。学生通过参与赛事活动,激发对体育运动的兴趣,不仅为提高体育素养搭建了平台,还成为校园一道别具风格、特别亮丽的风景线。同时,企业和高校合作,不仅仅是企业物资赞助,更在于激活了各类体育竞赛的特色,丰富了校园文化生活,向学生渲染了企业所崇尚的开创精神和团队精神,与大学体育秉承的"青春、健康、友谊、积极"的宗旨以及"更高、更快、更强"的奥林匹克精神秉承一脉。校企合作在加强校园文化建设的同时,促进了特色高职体育文化的构建。从另一角度看,企业在对高职体育文化赞助的过程中,也感染了校园的文化气息,有利于进行企业文化重组;有利于通过开展一系列的推广和宣传,辅之以各种促销和营销手段,帮助企业树立品牌的健康形象,提高可信度,扩大知名度;还有利于有效开发大学生消费群体,并带动其他领域的消费群体,扩大经营市场,获得更高的经济效益。

通过校企合作,构建高职院校具有职教特色的体育文化,立足于高职教育培养生产、建设、管理、服务第一线应用型人才的目标,开展体育文化活动应把握两个方面:一是学校体育文化活动与学生职业技能培训相联系,助推学生尽快掌握专业技能;二是开展丰富多彩的体育活动和比赛,陶冶情操,磨炼意志,强化团队凝聚力,使学生养成主动融入新集体的自我意识,为最终快速进入工作环境做好思想准备。所以,在高职院校的一些服务类专业和文科专业建设中,应深入地将体育文化(如体育技能、体育康复保健、体育休闲教育、社会体育等)与专业培养目标紧密联系起来,努力构建以就业为导向的精品体育活动。企业同时为学生的社会实践提供场所和各种技能培训设施,使学生充分置身于学术、技术实践的氛围中,通过模仿、实验、制作及发明创造等活动,培养学生积极观察、勤于思考的习惯。在就业能力培养上,高职校园文化吸纳企业文化,可促使学生了解熟悉企业文化精髓,纠正认知偏差,形成良好的职业素养。校企合作还可以引进企业先进管理模式,吸收其精华,并将企业管理体系引入教育教学、学生管理、后勤保障和科研等日常管理中,使学生明确各个岗位的职责、权限和相互关系,了解各项工作的程序,培养诚信意识、质量意识、团结协作意识,更好地满足就业需求。因此,通过校企合作体育活动,融入企业文化元素,营造校园专业文化的氛围,为学生的可持续发展创造良好的职业温床,有望形成一种具有企业管理和学校教育双重文化背景的高职特色体育文化。

培养具有高职院校特色的体育价值观。在学校为企业提供训练场地、体育器材的同时,企业举办的体育活动也会在校园进行,企业在思想政治、道德品质、知识能力、身心素质等方面的价值观都会在企业的体育精神上展现出来。将企业价值观恰当地引入学校价值观教育体系,其丰富的感性素材和生动的实例能够很好地弥补学校价值观教育的缺陷,丰富教育内容,完善教育形式,增强教育活力及其说服力。处于青春期的高职院校学生,还未形成比较稳定的价值观,可塑性较强。因此,他们在观看企业体育活动的过程中,会受到企业体育精神的熏陶,树立独立崇高、强身健体、责任感强、使命感强的特色体育价值观,以较高的标准要求自己,激励自己。

第四节　高职院校中开展休闲体育的制约因素

休闲体育是指人们以积极的生活态度在闲暇时间所进行的体育活动,以此来丰富文娱生活,发展志趣、才能和个性。作为一种文化范畴,休闲体育已日益成为人们日常生活不可缺少的内容。而发展高职院校的休闲体育是教育事业的重要组成部分,如何科学地构建高职院校休闲体育的框架,从而深化高职院校教学体育改革,培养学生终身体育意识,创造积极的休闲体育文化,使其更加健康地普及和发展,是目前体育教育工作者亟待解决的问题。

一、高职院校休闲体育管理

学校体育作为终身体育的一个重要组成部分,能否让具有高尖技术及知识的学生拥有一副健壮的体魄,直接关系到这些学生的社会发展。面对现代化的社会,教育的现代化作为学生学习的辅助手段势必会被引进学校,在校学生将会有更多的学习机会,将有更大的选择性和自主性。学校体育应面向全体学生,指导学生在校的体育教育,以促进学生身心健康的发展。因此深化体育教育和教学的改革,创造积极的休闲体育文化娱乐生活势在必行。高职院校体育的改革,必须大胆实现观念上的转变,尽快建立现代教育思潮和体育思想,适应现代社会需求和经济建设的体育发展新体系。在高职院校推行终身体育教育,着重培养学生终身体育能力和习惯,有着长远的战略意义。

（一）休闲体育硬件设施建设

高职院校学生参加休闲体育运动中一个重要的限制因素就是硬件设施不足。庞大的高职院校学生基数使得原本就不完善的体育场馆、器材等基础设施愈加捉襟见肘，大幅度增加基础设施建设的投入是最直接的解决办法，但显然并不现实。在尽力加大基础建设投入时，建议对校内已有的体育场馆，进行整改管理。可以采取错峰使用的方式，按照专业或其他区分办法把学生分成几个模块，各模块每天在不同时段使用相关场馆；也可以完善体育场馆的亮化工程，以适应其夜间开放的需要，适当延长场馆开放时间，这样可以保证更多学生能在课余时间到体育场所锻炼。高职院校之间可以通过校际联盟的形式互通有无。一座城市的不同高职院校之间如果实现体育场馆的信息交流、资源共享，不仅能够使体育场馆的利用率提高，还能增进不同学校学生的交往互动，丰富学生的课余休闲生活。

社团等组织机制的作用，为高职院校的休闲体育运动提供正确的引导。高职院校的社团五花八门，也不乏一些休闲体育相关的风筝社、乐跑社、轮滑社、骑行社等。然而调查显示，高职院校学生在选择休闲体育运动的伙伴时多青睐周边同学朋友，很少选择社团，这说明当前的休闲体育社团本身或高职院校学生对社团的认识还存在问题。而骑行、登山、野外拓展训练等休闲体育项目由社团组织具有其独特的优越性——有组织、有领导且更加安全。为使社团发挥其应有作用，要鼓励高职院校学生参加休闲体育社团活动，同时要对社团进行全面的考察指导，确保社团按时有序地组织休闲体育活动。

人力方面加强师资队伍建设。体育教师对高职院校推广休闲体育起着不可替代的作用。无论是他们的技术水平，还是参加休闲体育的兴趣、爱好，都需要教师的指导。目前高职体育教师严重不足，休闲体育教学方面的教师严重缺乏。在高职院校内体育往往是不被重视的，体育课是边缘学科，这些因素限制了高职休闲体育的发展，加强高职院校休闲体育的教师队伍，让真正懂休闲体育活动的老师带领高职学生科学参与休闲体育活动。随着科技的发展，时代也在不断更新，并且更新的速度也越来越快。休闲体育作为时代的产物、一项新兴的事物，需要跟上时代步伐的休闲体育教师，来指导高职学生科学参与休闲体育，让学生掌握一项休闲体育技能，从而为养成终身休闲体育习惯奠定基础，扩充高职院校休闲体育的骨干力量。

物力方面加强硬件设施建设。休闲体育场地设施是进行休闲体育活动的基础，不同的休闲体育活动对场地设施的要求也不同。就如羽毛球、跑步等休闲体育活动对场地的要求较低，而网球、轮滑、游泳等项目则需要专门的场地才能进行。因此，高职院校在充分利用现有体育设施的同时，也要根据本校学生的休闲需求、休闲兴趣构建多元化的体育设施，让学生们可以自由选择。同时，各高职院校也应该错开学生的上课时间,尽可能开放更多的场馆,根据时间安排,使休闲场馆、器材达到最大利用效率。

财力方面紧跟新政策的步伐。新一轮全民健身计划的制订,提醒着高职院校各项休闲体育活动要呼应国家总的体育政策方针,紧跟时代的步伐,在政策上注重休闲体育方向的发展,培养高职学生的休闲体育参与热情。同时,高职院校休闲体育的开展可寻求社会力量的支持,举办活动时不断吸引赞助商来增强高职院校休闲体育的可持续发展能力。

(二)体育教学内容的改革

休闲体育是一种健康生活方式,逐渐被新时代接受并提倡,高职院校学生的休闲体育运动不仅局限于在高职院校读书期间,更将贯穿于一个学生的人生旅程,因而在高职院校体育教学内容中融入休闲体育,对学生进行有关教育很有必要。

在教学理念上,利用体育课相对文化课本身较为轻松的特点,在教学中向学生渗透休闲体育的概念,让学生明白休闲与玩乐的界限,把握休闲体育的运动时间和频率,正确处理好休闲与学习、工作的关系。在教学内容上,因材施教,探索对有特色、学生感兴趣的休闲体育项目进行讲解、示范,如为女生安排太极拳、瑜伽、踢毽子等富有美感、受女生欢迎的课程,为男生安排足球、街舞、击剑等便于展现个人魅力、获取竞技关注的休闲体育项目。发展休闲体育是时下大势所趋,在高职院校开展休闲体育,能够促进高职院校校园文化建设,为高职院校校园文化增添活力,推动高职院校学生提高身体素质,让他们学会欣赏生命和享受生活,使人生充实、快乐且富有意义。

教师是体育教育中的主体,在教学活动中承担着重要的作用,因此,在发展休闲体育的过程中对体育教师也有更加严格的要求。体育教师必须在原有的专业知识上,不断地学习休闲体育专业知识,在具有知识深度的同时不断地开拓知识的广度,才能够成为传授知识的工作者。教师还需要通过自身的学习和培训,充实休闲体育相关的知识,让自身的教学充分适应学生的学习和发展需求,将休闲体育和体育教学结合起来,推动高职院校体育的改革和发展。

为了让学生能够更加自由地选择上课方式,就必须打破原有的、具有强制性的传统课程模式,在教学的过程中,可以让学生依据自身的情况和承受力的区别,制订相应的规则以及活动方式,必要时还可以利用辅助手段进行课堂教学,让学生们在学会基础技术之后,以轻松愉快的方式熟悉体育活动的内容,从而培养学生的体育学习兴趣和积极性。休闲体育本身就具有游戏的娱乐性特征,因此,在融入高职院校体育教学的改革后,还可以引进部分体育游戏,将游戏和体育教学结合起来,充分调动学生的积极性,甚至可以加入益智游戏,充分开发学生的思维能力和创新能力。

(三)通过文化建设引导休闲体育发展

休闲体育文化,是以高职院校师生团队协作为载体产生的文化形态,与在读书听课等活动中产生的文化相比,更充满生机与活力。同时,就目前休闲体育本身的发展状态来看,在高职院校中仍处于方兴未艾的阶段,丰富着高职院校文化形态。休闲体育运动需走出寝室、教室,感受阳光、自然,与同伴交流、沟通,具有竞技性的特点,可以增强学生竞争意识和向上意识,使学生充满朝气与活力。休闲体育对于培养高职院校学生形成科学健康的生活方式、积极向上的校园文化有重要的影响。反过来看,如果一所高职院校具有健康积极、充满正能量的文化氛围,也会促使更多的学生在学好科学文化知识的同时,注重自己的业余生活和德智体美全面发展,愿意主动选择通过休闲体育来促进自己的身心健康发展。

高职院校校园文化,是以高职院校师生为创造主体,以校园为文化基地,以高职院校特有的人文环境为依托,形成的物质文化和精神文化的总和。高职院校文化渗透在高职院校学生生活学习的方方面面,它的创造主体是高职院校学生,以学生的各类活动为文化载体,因创造主体的学习、生活状态和时代的变迁而改变,但同时又具有相对的稳定性,并对创造主体产生思想与行动上潜移默化的影响。积极向上的高职院校校园文化为高职院校学生输送正能量,能够使学生情操得到陶冶,个性得到发扬,思想素质得到提升,形成健全的人格。而与之相对应的消极落后的高职院校校园文化也会对一些自制力不强的高职院校学生形成负面影响,如沉迷游戏、生活颓废、奢侈浪费、不思进取等。

休闲体育文化能够带给校园文化以生机和活力,反过来,高职院校的校园文化氛围也对休闲体育发展产生影响。生活在高职院校中的学生会受到校园文化潜移默化的影响,这是毋庸置疑的。首先,要通过学校的宣传渠道,如校园广播、校报等对休闲体育进行正面的倡导与鼓励,以引发学生的关注和重视。其次,组织相应的休闲体育竞技类项目比赛,如小型运动会、篮球赛、跳绳等,增强休闲体育运动的趣味性和娱乐性,通过竞技比赛本身的魅力激发学生主动参加休闲体育运动的欲望,养成经常进行休闲体育运动的习惯。最后,通过休闲体育运动传递给学生健康的生活理念,让学生将休闲体育融入生活,做一个热爱运动、热爱生活、热爱生命的人。

二、高职院校休闲体育场馆

(一)高职院校休闲体育场馆受到多元文化的影响

学校体育场地设施是办学的基础,是休闲体育活动开展的重要保障条件之一。目前学校体育场馆的状况不容乐观,需进一步改善和提高。近年来,由于学校扩招,在校学生的人数不断增加,参与休闲体育的人数也越来越多,但是学校的基础设施建设缓慢,场地和器材不能满足学生需要。学生对羽毛球、乒乓球等项目较感兴趣,而这些项目往往受到场地限制而无法满足学生的需求,特别是秋冬季,影响了休闲体育的开展。随着社会的发展,经济的提高,人们的生活水平和生活质量也在不断改善,人们在喜欢原有传统体育项目的同时,更愿意追求时尚、休闲的体育项目。因此,场地问题成了大家的迫切需求,比如网球场地、健身场馆等。因此,学校有关领导应根据学校自身情况,充分挖掘现有场地器材的潜力,加强管理,提高场馆的利用率,同时,大力实施新场馆建设,使更多的大学生参与到休闲体育之中。

(二)休闲体育场馆缺乏系统化管理措施

1.管理体制不健全

随着体育管理体制改革的深化,群众性和商业性体育赛事的审批权已率先下放,可是体育赛事组织管理、监管的漏洞却与日俱增。例如俱乐部的运营管理,政府应不应该介入、要不要管,以及马拉松赛事"尿红墙"等都是组织管理体制监管不到位的反映。有的政府和体育部门管理权限不清,体育场法规制度的配套建设滞后,等等,也严重阻碍了体育健身休闲产业的发展。由于政府缺乏综合性的协调管理及体育部门不能完全实施其应有的权力,许多管理经营项目的体育部门不能介入,不利于发挥行业优势,还出现了多方管理与无人管理并存的现象。国家出台有关体育管理办法的文件还不够健全,对体育场管理采用的办法大多遵照场管理的办法实施,最终导致体育健身休闲产业的管理体制不健全。

2.健身休闲消费水平不高

虽然人均地区生产总值和人均消费水平有明显的提升,但居民中参与健身消费的人数还不多,而且他们的健身消费力不高。调查结果显示,在有健身消费的居民中,大部分的健身消费支出在 200 元及以下,而影响居民健身消费力的主要因素有主体因素、客体因素和环境因素。由此可见,居民健身休闲消费水平的高低,直接影响了体育健身休闲产业的发展。

3.缺乏专业的经营管理人才

体育健身休闲业是体育产业的核心产业,又是体育产业链中的重要纽带。但现在体育健身休闲产业的发展缺乏集体育、产业经济、文化产业于一体的复合型人才。在现有体育健身休闲业经营管理人员中,有的只懂体育产业而不懂商业运营;有的懂得商业化运营却不懂体育产业,对体育产品及其场地的特点、规律等认识不充分;此外,调查显示,从业人员中有很大一部分是兼职人员,只接受过简单的培训。由于种种因素,经营管理人员不能将体育与场地有机地结合起来,最终导致体育健身休闲产业快速发展需求的专业经营管理人才匮乏。

4.体育健身休闲产业结构进一步优化

近年来,体育产业在政策、资本和消费需求驱动下,迎来了快速发展的好时机。从目前体育产业产值规模和增加值来看,体育产业的总体规模相对来说比较大,但产业结构不合理、不完善,其中体育健身休闲业占的比例较低、种类偏少。如产品供给单一、产品同质化严重、服务水平不高、有效供给不足等问题,势必会阻碍体育健身休闲业的发展。所以,体育供给侧的结构性改革非常有必要,进一步优化体育产业结构的形势仍然十分严峻。

(三)高职院校体育场馆不足

高职学生通常都是在校内的运动场馆、空场地以及校外的场馆和公园进行休闲体育活动。调查显示,大部分高职学生都是选择在校内场馆中进行休闲体育活动,这说明学生倾向于因地制宜地利用学校现有的体育场馆进行休闲体育活动,并且学生对休闲体育设施还是有要求的,大部分都是选择在专业场馆进行。同时,很少有学生会选择去校外的场馆进行休闲体育活动,尤其是在收费的场馆,这表明学生很少会愿意把为数不多的生活费分配在休闲消费上,也没有休闲消费的习惯。

休闲体育在高职院校尚未形成文化潮流,除了学生主体的因素,其发展受到客观条件限制也是不容忽视的现实。休闲体育运动涵盖范围非常广,其中的很多项目都需要必要的场所和器材,但由于我国高职院校发展过快,体育场馆数量和质量都显不足。资料显示,目前高职院校拥有的符合普查标准的各类体育场地设施仅不到20%,不能满足众多高职院校学生的需求,哪怕大多数高职院校都具备的篮球场地、足球场地,人均拥有量也严重不足。而一些瑜伽馆、台球室、游泳馆等专业场馆多为营利性场所,高职院校学生仍未经济独立,负担这些场馆的费用经济上也有困难。高职院校学生缺乏相应专业技能及技术指导是限制休闲体育发展的又一客观情况。要想达到娱乐身心、强身健体的目的,方法必须科学合理。蹦极、潜水、攀岩等需要专业技巧的项目必须经过专门学习指导后才能尝试,而像太极拳、武术等我国传统特色休闲体育项目则要通过专业人士的指导才能由形似达到神似,真正领悟其中精髓。

在普通高职中,休闲体育场馆设施的不完善,制约了各项休闲体育的开设。通过调查可以看到,虽然很多高职都具备了足球场、篮球馆、排球馆、乒乓球馆、健身馆等场馆,但是目前一个较为突出的问题是场馆对学生开放的时间和数量有限,高职学生由于所选课程和科研等压力,参与休闲体育的时间段不一致。因此,场馆有限的开放时间和数量势必会使高职学生参与休闲体育的程度减少。

场馆的限制在一定程度上也会阻碍学生参与休闲体育的兴趣。例如,瑜伽场地就那么小,学生太多,空间就不足,这样就打击了学生参与高职休闲体育的积极性,让他们不愿意参加活动。另外,有的场地设施不全,或者不完善,学生想去玩,却玩不了,这些都是现在高职休闲体育的影响因素。

三、高职院校休闲体育建设

高职院校休闲体育,是指高职院校师生在课余闲暇时间内自主进行的体育锻炼活动,其形式不拘一格,内容丰富多彩,涵盖的体育项目多种多样,大体包括健身健美类、康乐游戏类、运动竞赛类、养生保健类和探险拓展类。高职院校师生通过休闲体育运动以达到强身健体、丰富和娱乐生活、增强意志力和自我管理能力、加强人际交往的目标。定期进行休闲体育运动是一种健康的生活方式,是当代高职院校学生缓解学习、生活、社会压力的有效途径,是青年人进行自我锤炼和提升的正确选择。

(一)场馆增加资金投入

学校要从观念上加强休闲体育的教育,让教师和学生认识和了解休闲体育,休闲体育观念的形成必须融合进高职院校教育中的方方面面,从智力、心理、情感和感官等方面培养学生的综合素质。并且要加强休闲体育观念的宣传,让学生了解休闲体育的作用,让教育更具有生机与活力。而教育部门则需要改革传统的体育教学模式,将休闲体育的观念融入教学指导思想中,让学生们能够拥有快乐的活动方式和体验,增加学生学习体育的兴趣和热情。政府应该增加对休闲体育场馆的建设和投资,并且积极鼓励和提倡社会力量参与。与此同时,我们还应该建立高职体育场馆设施联盟,达到资源共享,优势互补,共创休闲体育联谊活动。这样既能充分发挥各校体育场馆资源的优势,又能带动和充实大学生的休闲生活。

(二)加大宣传与营造休闲体育的良好校园氛围

休闲体育的活动氛围是影响大学生进行休闲体育活动的重要因素。我们应该从思想上充分认识到参与休闲体育的重要性。高职的有关部门如宣传部、学工部、团委等应积极发动宣传,营造良好的休闲体育开展氛围,并充分利用广播、网络、报栏和学术讲座等媒介,以科普的形式进行广泛宣传,让学生认识到休闲体育的重要性和必要性,同时多讲解如何科学合理地进行休闲体育的锻炼,让学生不仅知道进行休闲体育的必要性,还要知道如何进行科学系统的锻炼。

(三)开展休闲体育的学术研究和实践工作

高职院校应该重视休闲体育的研究工作,可成立休闲体育科研机构,深入研究休闲体育对促进大众身体健康的效果和机制,同时研究休闲体育对社会经济的促进作用,以及怎样更好地将休闲体育推广开来。另外,可以争取企业界的知识和资金支持,这样可以使休闲体育理论更好地服务于社会,推动休闲体育发展。

每个国家或地区的休闲体育学的发展不尽相同,不单单是经济实力的支撑,还要靠人们的生活观念的转变和社会文化氛围的熏陶。我国休闲体育学的发展在改革开放之后才初见端倪，一般依附于传统体育、体育产业等，与欧美发达国家相比发展程度较为缓慢，近年来虽有长足进步，但仍具较大发展空间。对于高职院校的休闲体育，我国的休闲体育学者一直在努力解决其中的一些发展问题，而相关的研究内容也日益全面。在前期研究成果中发现高职学生休闲理念刚刚萌生，其中夹杂着传统观念，从而阻滞了休闲体育思维的发散与创新；在社会上，具有独立性的休闲体育协会或团体较少，大部分处于零散团体或寄生在其他组织之中。当前研究趋势侧重于教育领域，课程设置趋近合理，但不够丰富；教学组织不够系统，缺少实践经验；社会职位尚在萌生阶段，与学校课程教学不相协调；等等。对社会大众来说，休闲体育作为新兴体育活动适合社会各阶层民众。要让他们对休闲体育有更多的了解，则应该做好相关的传播工作。从上述的相关文献资料来看，我国对于休闲体育的概念界定并未有一个统一的说法，不过却在这方面达成了一个有效的共识，那就是休闲体育主要是通过体育方式来实现休闲的目的。休闲体育带给人们的益处就是让人有更多时间消磨闲暇时光，使身心愉悦。发展高职院校学生的休闲体育对高职学生的身心放松大有裨益，并且还可以学习到书本上学不到的东西，而这也是打造终身体育的重要手段，是培养其兴趣的关键。

第三章
高职学生参与休闲体育的特征

行为方式特性是个体或群体待人处世风格区别于他人的行为要素组合,是个体或群体差异的外在体现,并与特定情境之间存在一定程度的相依关系,一旦形成就具有一定的稳定性。冲动—审慎、草率—细致、主动—被动、成熟—幼稚、专制—民主、果断—犹豫、开放—封闭、自我中心—自我协调等是常用的描述维度。其形成与个体的生理状况、气质、性格、能力、受教育状况、社会地位、家庭背景等诸多因素密切相关,跨文化研究发现,不同文化对其价值判断不同,处于不同文化的群体表现的特征亦有差异。

第一节 高职学生参与休闲体育的行为

从当前看来,学生学习时间增多,休闲时间减少,休闲体育活动越来越易被学生接受和喜爱。由于受基础设施和信息的影响,高职院校休闲体育开展的项目有限,大多以传统项目为主,本节将通过对浙江省高职院校大学生参加休闲体育的特征与形式进行调查和分析,反映出一些在开展休闲体育时存在的问题以及广大学生的需求,以此为浙江省高职院校休闲体育运动更好地开展提供一定的理论基础。

一、高职学生参与休闲体育活动的意向

高职学生参与休闲体育具有重大意义。现如今大学生除了上课时间之外还有空闲,这为休闲体育的开展提供了丰富的时间。

休闲体育最早出现在美国、日本等发达国家,我国是改革开放以后才兴起的。进入 21 世纪以来,休闲体育变成了一种吸引人的社会现象,成为人们日常生活的一部分,对于高职学生来说有着特殊的意义。高职学生的修养和素质都比较高,容易成为体育人口,又可以带动其他人进行运动,他们参与休闲有利于整个社会全民健身活动的开展。高职学生参加休闲体育既能锻炼自己的身体素质,仅可以使心

理上得到积极的锻炼,达到身心全面发展的目的,同时养成一个健康的、积极的生活方式和生活态度,促进身心健康。

休闲体育一方面可以转变人们的休闲观念,引导人们构建科学、健康、文明的生活方式;另一方面,能够根据不同体育休闲活动特点,生产更多更具有文化品位的体育休闲产品,开展丰富多彩的体育休闲活动,满足不同群体的体育休闲消费需求。休闲产品为当代大学生参与休闲体育提供了物质、经济基础。

休闲体育是体育活动的一个重要组成部分,其内容是多样的、丰富多彩的,为学生提供了多重选择,丰富了学生的生活。自然,大多数学生不可能成为竞技体育的参与者,但是他们可以把竞技体育当成修养身心的休闲体育。从而在其中获得健康和快乐,也改善生活环境,获得良好的身体健康和心理健康,提高个人生活质量。

休闲体育作为新兴的项目之一,为大多数人所追捧。它不仅可以健身、强身、休闲,而且有独特的魅力。它包含丰富的运动形式和锻炼方法,吸引着人们,成为人们生活中的重要组成部分。高职院校需鼓励更多的学生参与到休闲体育的运动中,进一步增强学生体质和学生的意志。

休闲体育作为一种体育形式,其最基本的功能就是促进身体健康和心情愉悦。它能够增强机体的生理功能,如增加骨密度、减轻体重、提高心肺耐力和免疫力等。休闲体育能够让人轻松愉悦,排除不良的消极情绪,抵抗学习压力和生活压力带来的焦虑和抑郁等情绪。高职学生正处于生命的黄金阶段,在休闲活动中他们表现出丰富多彩的兴趣爱好。他们不满足于体育课的单一途径和狭小的校园生活空间,渴望能赋予有限生命以更广阔的活动空间和更充实的内涵,追求生活的丰富多彩,排解和消除学习、生活中的种种压力。但现实中的高职院校休闲体育出于种种原因,开展得并不尽如人意,存在着诸多问题。我国现行的教育基本上仍是应试教育,在这种背景下许多受教育的大学生往往只注重分数和成绩,忽视对身体素质的锻炼,体育锻炼意识薄弱,缺乏正确的体育价值观:一方面,习惯于长时间埋头读书和题海战术,无暇或无意识进行体育活动,另一方面,上体育课只是为了拿学分,而不是为了发展自我和增强身体素质。不少学校体育教材内容,形式单一,内容陈旧,开展的体育活动项目除了球类还是球类,其他项目很少,而且体育课常与学生出勤和考试成绩挂钩,带有强制性,忽视了对学生进行从事体育锻炼的兴趣、爱好和习惯的培养,造成学生消极参与,参与休闲体育活动的兴趣大幅减少。高职院校有限的体育经费只能维持学生正常体育课,无过多资金扶持学生休闲体育活动的开展,导致学生课余时间的体育活动和各类学生体育协会因经费不足而逐渐消亡,各类体育设施缺少维护而逐渐陈旧、报废,使本就缺少的体育设施更加稀缺。

目前,高职院校体育课教学内容过分强调学习运动技能,强调体育竞赛,偏重运动的外在表现形式,缺少体育文化的传授。许多项目缺乏使学生终身受益的内容,既不能适应休闲个体活动的开展,又不适应成年后的运动。而体育课外辅导,由于缺少经费等基本很少开展,即使有也大多是体育课的直接翻版,了无新意,学生也没有太多兴趣参与。

二、高职学生对休闲体育项目的选择倾向

随着时代的进步和生活水平的提高,大学生有了更多的时间去享受生活,学生对休闲体育的要求也越来越高。从调查中可以看到,高职开展休闲体育主要是以体育课的形式进行,目前三大球(篮球、排球、足球)、三小球(网球、羽毛球、乒乓球)和健美操几乎每所学校都有开设,学生参与普及度较大,但是瑜伽、游泳、有氧健身操、街舞、攀岩等开展得就比较少,由于场地器材和师资受限,休闲体育种类过少,无法实现休闲体育娱乐身心的目的,失去了它本身所具有的健身功能。根据问卷分析,休闲体育项目选择方面,位居前三位的分别是慢跑、羽毛球、乒乓球,其中,女大学生所参与的比例明显要高于男大学生;而位居第四至第六位的是篮球、排球、足球,球类体育运动项目以其独特的竞争性、游戏性、趣味性和良好的健身性,一直深受大学生的欢迎。男大学生参与休闲体育前六位的体育项目依次是篮球、排球、足球、跑步、羽毛球、乒乓球;而女大学生所参与的休闲体育项目前六位分别是慢跑、散步、羽毛球、太极拳、乒乓球、健美操。另外,瑜伽、舞蹈、跳绳、健美操是女大学生比较喜爱的体育运动项目,其参与的比例要明显高于男大学生,这主要和女大学生自身更加关注形体美而不喜欢有对抗性且剧烈的体育运动项目有关。随着休闲时代的到来,休闲体育作为一种科学、文明和健康的闲暇生活方式,成为高职学生日常生活方式的主流。这种积极的生活方式,能协助高职学生学习专业知识,促进学生身心全面发展,为毕业以后的发展打下坚实基础。

高职学生闲暇时间参与的休闲体育项目主要集中在慢跑、看体育比赛、打球等常规体育锻炼项目上,这类休闲体育项目有一个共同的特征就是对场地、设施要求较低,是随时随地可开展的活动项目,但同时也体现了高职学生休闲体育活动较单调,难以引起大学生的参与热情。在休闲体育活动中,人们选择哪一个项目,首先取决于人们自身的客观条件、内在需要、所处的环境以及运动项目本身。其次是这些项目活动的独立性,是否简便易行,对场地设施的要求如何,是否需要特地准备装备;最后是运动量的控制。休闲体育活动场所是学生进行休闲健身活动的重要空间选择,是休闲体育活动得以实现的空间载体。

学校体育工作既要考虑到五天工作日的体育活动安排,还必须加强对双休日体育活动的组织和管理。对大学生双休日的休闲体育文化活动,不能仅看成简单的体育活动,应作为学校体育教育的一个重要组成部分。学校有关职能部门,如学

生工作处、教务处、体育部、团委、学生会等组织,应积极引导大学生的休闲文化生活向健康、快乐的方向发展。学校双休日的体育文化活动,应充分发挥学校与团委、学生会和大学生体育协会的组织作用,他们既是参与者,又是组织者,在发挥组织作用的同时,学校应对他们开展的活动给予积极支持与指导。在高职院校体育教材的选择上,突出时效性、针对性、指导性和时代性等特征,建立以能够延续到成年期进行的、具有较高锻炼价值的、突出"少而精"即"少而不偏废,精而不单一"的教学体系。尽可能从促进大众健康程度考虑,选择那些强度与难度不太大、运动负荷量适中、易于开展并延伸到社会和适合于成年人的、对终身增强体质实用性大的休闲运动项目,如武术、太极拳、形体操、健身操、游泳、爬山、网球、乒乓球等。在身体全面发展的基础上,要求学生真正掌握一项自己擅长的体育运动项目,包括相应的锻炼方法及知识,达到终身受益的目的。学校体育教学中,竞技活动的开展和项目的设置,最好通过课程设置改革等渠道加以协调,应给学生较大的自主权和选择权,以满足学生不同的需要。

除此之外,在统编教材规划下,应充分考虑到我国各地的人文地理差异,要给选修教材较大的比例,给各地区和不同学校以更大的选择权。建议学校每个年级均开设体育课,原定教学时数可不增加,可将体育课教学时数和相应的课外休闲体育活动时数组合,统一安排,采取教师与学生相结合、课内与课外相结合、校内与校外相结合的方式,组成一体化的教学形式和途径。

三、休闲体育的分类

(一)校园休闲运动

1.球类

球类运动是目前最受大学生青睐的体育运动之一,许多高职院校都有球场和设施,学生闲暇时间约上同学、好友一起玩耍。简单常见的三大球——篮球、排球(气排球)、足球,三小球——羽毛球、乒乓球、网球还是常见的高校球类休闲项目,其他的木球、门球、手球、曲棍球、棒球、垒球、橄榄球等等,在高校里极少出现,这给高职院校开展更多的球类休闲体育项目带来一个很大的空间。

2.舞蹈类

舞蹈是以身体美、姿势美为主要目的的一个休闲体育项目,吸引的女生比较多。女生热衷于舞蹈修身、舞蹈减肥塑形,于是很多高职院校设立了体育舞蹈、街舞公选课,甚至跨学校公选课,吸引更多本校和外校的学生参与,使她们锻炼了身体,又获得了友谊。还有集体舞、交谊舞、现代舞、民间舞等等大众化的舞蹈,高职学生可以自行组织俱乐部或社团进行每周1—2次的交流休闲活动,这类项目能给学生带来愉悦感、幸福感、美感。

3.徒手类

徒手类休闲体育项目有很多,在高职学生群体中开展最为火热的项目属慢跑、步行、骑行等随时随地可以进行的项目了。而游泳、登山、踏春、划龙舟、荡秋千、踢毽子、踏跷板、轮滑等项目,受场地和器械的限制,有很多高职院校很难满足学生的这些休闲需求。一些很难实现的休闲项目,待各学校共同努力尽善尽美。

4.操类

操类休闲项目大多在体育课或者课间进行。学校专门开设的课程只能是健美操、瑜伽等,而其他保健操、广播操、减肥操只能在课间或者课后自行锻炼和练习。在新时代高职学生群体中,减肥操相比其他类休闲操类项目更具魅力,因此,在高职女生群体中出现了很多种类的网红减肥操休闲娱乐项目,这对特需人群的身体素质提升起到了积极作用。

5.传统类

传统类休闲项目如武术、太极拳、跆拳道等如若不是学校开设的体育选项课,大部分学生都不喜欢这类休闲体育项目。这类项目需要有教师教授,有些动作靠自学很难达到项目要求。至于其他类传统项目如八段锦、五禽戏等,在高职校园中是很难开展的,也极少有人自行参与这类休闲体育项目的活动。

6.竞技类

田径作为竞技类项目,不适合用到休闲体育当中。但是,田径中的很多项目不涉及激烈运动,其休闲方式还是很丰富多彩的。以上五类休闲项目中也有涉及激烈竞技的场景。在人们的休闲观念里,只要开心,在比较愉悦的氛围当中进行的活动都能称为休闲。

根据高职学生的生源特点,以及毕业后的就业特殊性,高职院校会开设相关的休闲体育项目供在校学生选择,学生根据自身的兴趣爱好或者就业导向选择适合自己的休闲体育项目进行休闲锻炼,一来可以强身健体、减压娱乐,二来可以为培养终身体育锻炼习惯做前期准备。

(二)校园休闲趣味集例

1.齐心协力

项目规则:一队共6人,男女各3人;出发前6名队员成一列横队,相邻队员之间的小腿用绳子绑住;发令后从甲点出发绕过乙点返回甲点(甲乙两点相距20m),中途绳子散开必须立即停止并重新绑住,才能继续前进,否则取消成绩;以用时少者名次列前,成绩相等以加赛决出名次。

项目监控:项目执行过程中注意保护队员避免摔伤,终点设置一些海绵垫,以防冲刺时膝盖撞击地面;绳子或绑带绑在脚踝上。

图 3-1　齐心协力项目

2.定点投篮接力

图 3-2　定点投篮接力项目

项目规则:每队 5 人,其中女队员至少 1 人;在以篮圈中心地面投影点为圆心,以 0°、45°、90°、135°和 180°角分别与三分线、罚球区(三秒禁区)相交的点为投篮点,男子投篮点为三分线外,女子投篮点为罚球区外;0°、45°、90°、135°和 180°投篮点站位分别为 1—5 号位。投篮接力比赛开始后,1 号位先投篮,投中为止,1 号位投进,2 号位才能进行投篮,依次按站位序号进行,直至 5 号位投篮命中为止。以用时少者名次列前,相同成绩以抽签方式决出名次。投球不中,自投自抢,也可由同队队员帮助捡球。每队投篮接力限时 8 分钟,若 8 分钟时间已到,该队接力尚未完成,则比赛结束,以已投中个数进入排名赛。

项目监控:注意篮球不规则弹出时砸到旁人,如有踩线投进篮筐者重投。

3.“8”字形集体跳长绳

项目规则:每队共 10 人,其中男队员至少 2 人;每队 2 人甩绳,8 人接龙过绳;第一轮全部队员跳完一次后,须在原排队处的同侧对面继续第二轮,前后位置不

图 3-3　集体跳长绳

限,呈"8"字形循环接龙。以 2 分钟时间为限,在 2 分钟时间内有效经过的人数为判别依据,多者名次在前;总次数相等,则以失误次数少的队名次列前;如再相等,以抽签方式决出名次。

项目监控:注意队员间的间隔,避免相互撞到。

4."袋鼠跳"接力

图 3-4　"袋鼠跳"接力

项目规则:每队 6 人,男女各 3 人。男女分列两边,相距 20m,迎面站立。女队员一侧先出发,出发前,两脚用绑带固定。第一棒队员跳到对面后,将绑带交给第二棒队员,依次进行;途中绑带脱落,须在脱落地点重新绑定后继续比赛,否则取消比赛成绩。以用时少者名次列前,成绩相等以抽签方式决出名次。

项目监控:绑带绑的位置在脚踝,要避免摔倒或前后相撞。

5."心心相印"

项目规则:每队共 8 人,男女各 4 人,男女两人为一组。分列两边,相距 20m,每边各 2 组,迎面站立。第一组出发前,两人背对背用躯干夹抵住排球,听到预备口令时,像螃蟹状横着通过跑、走等方式前进,跑至对面时,将排球交给第二组,依次进行。若跑进途中排球脱落,须在脱落地点重新夹抵住后继续比赛,否则取消该

图 3-5　"心心相印"

队比赛成绩。以用时少者名次列前,成绩相等以加赛决出名次;跑进途中手腕以下不准触球,触碰一次加时 5 秒。

项目监控:注意步调大小一致,防止队员之间拉扯受伤。

6.踢毽子接力

图 3-6　踢毽子

项目规则:每队共 3 人,男女不限。三人以三角形循环式站位,距离不限。第一人用脚踢毽子方式传递给第二人(按顺时针或逆时针方向),循环进行。第一人踢出的毽子第二人接到才计数一个,第二个踢出的毽子须按既定传递方向至第三人方为有效,否则只能视作过渡球(不计有效个数);一人只能踢一次,如连续踢毽子,视为过渡技术踢毽子,不计入有效数;比赛中毽子落地可捡起来继续进行;除手、上臂、前臂以外,全身其他部位均可踢或触及毽子并计有效次数。限时 1 分钟,以次数多者名次列前,如次数相等,则以抽签决出名次。

项目监控:队员间的距离保持一致,以免造成损伤。

7.跳竹竿

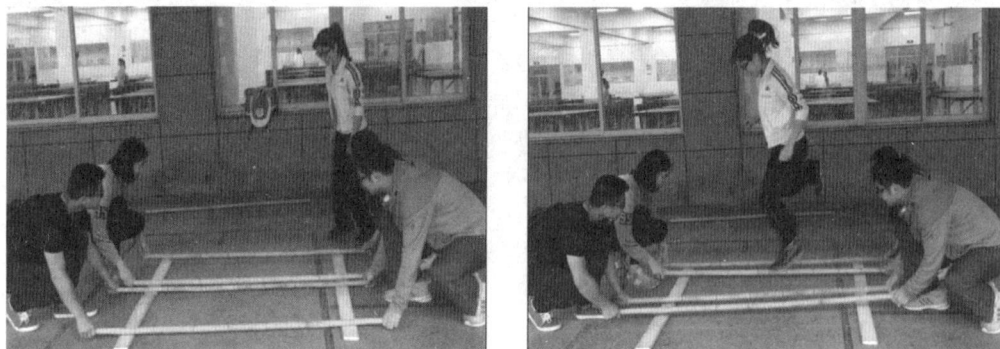

图 3-7　跳竹竿

项目规则:按照参与人数来决定持竹竿的数量,尽量让每个人都动起来。先把竹竿摆好,听节奏 1234 做动作,速度由慢到快。持竹竿的人员和跳竹竿的人员相互交换练习。

项目监控:持竹竿者把握好节奏,跳跃者注意跟随节奏,避免竹竿夹脚而绊倒受伤。

(三)社会休闲运动

1.山地户外类

山地户外运动是休闲体育的重要组成部分,是以自然山地环境为载体,以参与体验为主要形式,以促进身心健康为目的开展的一系列相关活动以及服务,包括登山、徒步、露营、自然岩壁攀登、拓展、越野、定向与导航等。

2.水上类

水上运动项目是以海洋、江河、湖泊为载体,以竞技、休闲、娱乐、探险、旅游为主要形式的活动及服务,主要涵盖帆船(板)、赛艇、皮划艇(激流)、摩托艇、滑水、潜水(蹼泳)、极限水上等项目。

3.冰雪类

冰雪项目分为冰上项目和雪上项目。冰上项目是指使用冰刀或其他器材,在天然或人工冰场上进行的体育运动,包括速度滑冰、花样滑冰、滑冰、短跑道速度滑冰、冰壶等。雪上运动范围很广,有高山滑雪、越野滑雪、跳台滑雪、自由(花样)滑雪以及雪橇、雪车等。

4.游戏类

游戏类运动项目可以追溯到体育的娱乐起源,比如投壶等宫廷游戏,一般指在某种特定场景(包括虚拟的)内的、以单个或集体按照约定规则进行对抗的项目,现在比较流行电子竞技、射箭、射击及真人 CS 项目等。

5.跑走类

区别于一般的竞赛活动和传统环境,跑走类主要是指在户外自然环境中以轻松休闲的走和跑方式追求身心和谐。跑走类活动更加注重对自然环境的感受,以参与不同地点和环境的活动为追求之一,比如马拉松、健步走等项目。

6.汽摩类

汽摩类运动是以汽车和摩托车为主要载体,以竞技、休闲、娱乐、旅游、探险为主要形式的活动,主要包括如卡丁车、自驾游等汽摩活动,从场地赛、卡丁车赛、方程式到越野赛、拉力赛等,越来越多的中国人渐渐体会到赛车的乐趣。

7.航空类

航空运动是重要新兴体育项目之一,是以航空运动项目为载体,开展相关活动与服务,具有科技含量高、消费时尚性强、产业带动性强等特点,包括运动飞机、热气球、滑翔、跳伞、轻小型无人驾驶航空器、航空模型等 26 个项目。

8.自行车类

自行车类活动以自行车为工具。休闲类的自行车运动大多在户外进行,感受速度和难度刺激,在拥抱大自然中,既放松心情又锻炼身体,日渐成为休闲运动新宠。主要涵盖公路自行车、山地自行车、场地自行车、BMX(小轮车竞速)以及水上和冰上自行车等项目。

9.极限类

极限运动是一些难度较高、具有较大挑战性之组合运动项目的统称,体现年轻人对自由、个性的追求,包括速降、滑板、极限单车、蹦极、雪板、冲浪、街道疾降、跑酷、极限越野、极限漂流、极限轮滑、漂移板等项目。

10.时尚类

时尚运动项目是以当前国内外在休闲领域较为流行,且大多人能够参与的具有娱乐性和趣味性的运动项目,包括沙排、击剑、马术、高尔夫、普拉提、瑜伽、街舞等运动项目。

11.旅游

在新时代的背景下,休闲发生了深刻的变化,人们用于休闲的时间多了,参与休闲的方式变了,社会提供休闲的载体强了,从产品供给上来看,科技手段、创意设计、智能装备等逐渐进入民生和生活领域;从人民需要上来看,人们对于休闲的心理体验、新奇特性等要求更高;从发展趋向上来看,休闲的远景和个性化趋势,加上体育与旅游、健康、科技等行业快速融合,催生了一大批体育休闲新业态、新产品、新服务。

文化和旅游部门合并,带来"诗和远方"这么诗情画意的比喻,这是对"休闲"概念最深情、最诗意的表达,而体育休闲则是有健康相伴的"诗和远方",其所具备的文化特征、经济功能,既契合了旅游的发展趋势,又具备了文化的精神内核。当前,经济快速增长和收入差异带来旅游消费升级,使旅游产品向休闲、运动多个方向发展,旅游者从传统的观赏型旅游向参与型、运动型、体验型旅游发展,使体育休闲的需求不断扩大。体育休闲的发展,加速了体育与旅游业的融合。体育休闲是休闲产业的较高形态,也是旅游产业发展的一个重要方向。2017 年国家体育总局和国家旅游局联合推出了 15 条"十一黄金周体育旅游精品线路",十一黄金周期间共接待游客 730 万人次,实现旅游收入 31 亿元,同比分别增长 23.79％和 21.10％,增速高于旅游线路。

与传统休闲、旅游活动相比,休闲体育是一种"休不了""闲不住"状态,可以称它为"不休,不闲"。发展体育休闲,能够推动健康、旅游、交通、餐饮、金融、文化等产业的快速发展,带动上下游产业链的完善,催生新的产业业态,推动服务业的高质量发展,促进城市功能的拓展,优化第一、第二和第三产业比重。

发展休闲体育产业,既需要政府提供场地设施、活动组织及社会组织等必要的公共服务,也需要加快供给侧结构性改革,推进体育休闲市场供给多元化,落实促进体育休闲消费的制度性安排,形成有利于体育休闲产业的外部环境,不断优化产品和服务的供给结构。在这一过程中,较好的经济社会和体育发展条件是基础,而多种业态融合化、消费方向多样化则是必然趋势。

四、高职学生参与休闲体育的方式

浙江省大部分高职院校全面向在校学生推出"运动校园 App",使学生的休闲体育多样化,鼓励所有学生走出网络,走出寝室,走向操场,真正做到每人每天有锻炼,人人天天参与锻炼。本部分就学生参与"运动校园 App"跑步得出的数据结果进行调查与分析,力求更加了解高职学生在校的休闲体育方式。

在"互联网＋"时代,学生对新生事物接受得比较快,也比较热衷网络化管理的方式,运用手机进行设点跑步锻炼,一天中参与跑步锻炼的学生平均达到上千人次。如图 3-8 所示,以 2018 学年中抽取其中一天数据图为例,6 点至 8 点,14 点至 22 点两个时段内参与跑步锻炼的人比较聚集,这是近年来极少出现的校园"热跑"风景线。

各时段运动人数 　　　　　　　　　　　　　　　　　　　　　　　　2018/05/24

单位:人

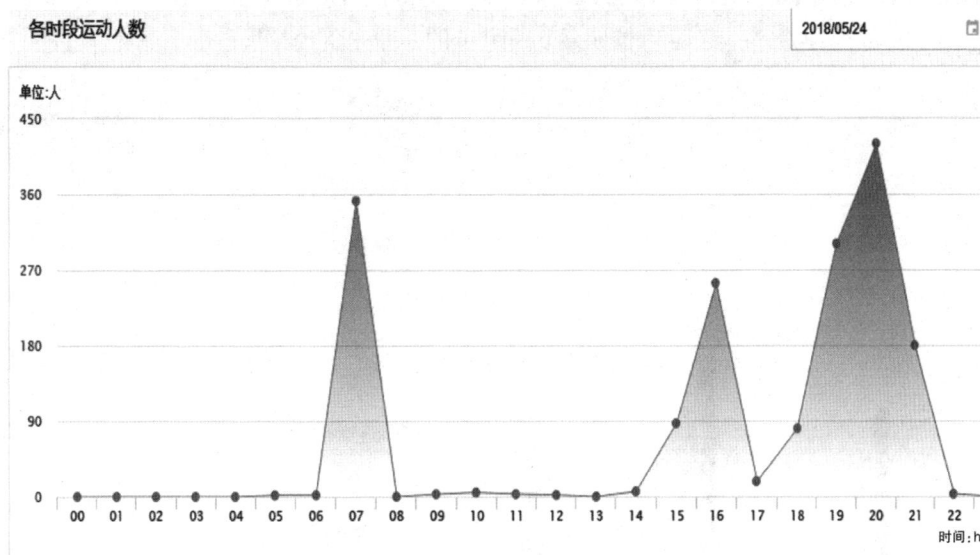

时间:h

图 3-8　一天内各时段平均参与"运动校园 App"跑步人次统计

图 3-9 是对平均每周参与"运动校园 App"跑步人次的分析统计。

平均每周运动次数情况 　　　　　　　　　　　　　　　　　　　　　刚结束的上学期

单位:次

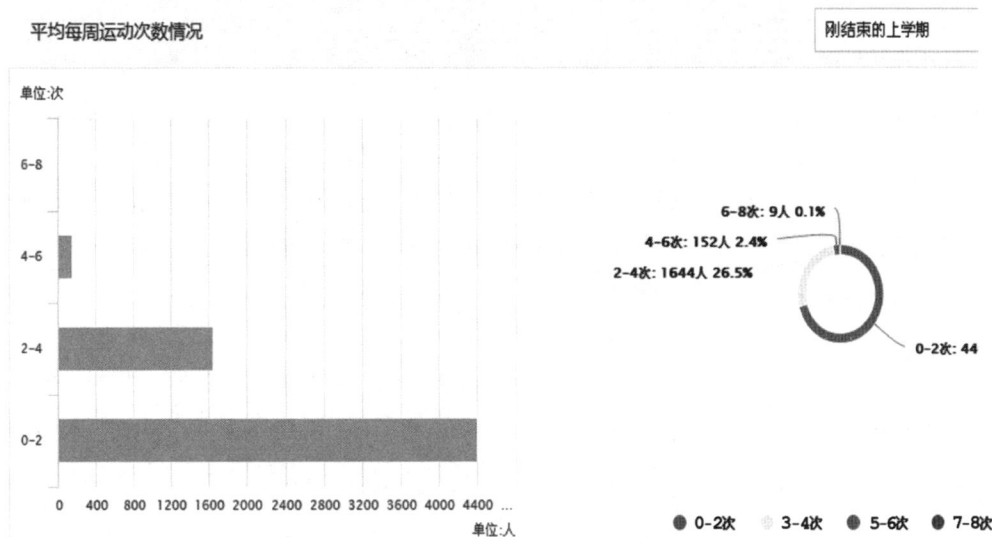

6—8次: 9人 0.1%

4—6次: 152人 2.4%

2—4次: 1644人 26.5%

0—2次: 44

单位:人

● 0—2次　　○ 3—4次　　● 5—6次　　● 7—8次

图 3-9　平均每周参与"运动校园 App"跑步人次分析

从图 3-9 可以看出,"运动校园 App"刚刚推出,参与 0—2 次跑步的学生平均每周达到 4400 人次,参与 3—4 次跑步锻炼的学生达到 1600 人次,相比往年强制执行的跑步锻炼,学生自发形成的锻炼习惯更值得学校重视和推广。

图 3-10 是学生参与"运动校园 App"跑步的总里程的情况。

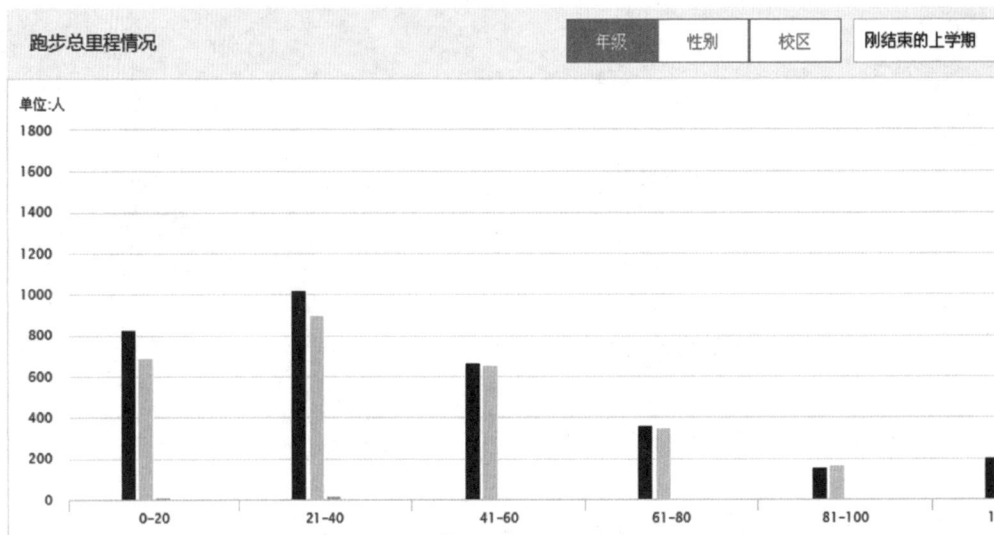

图 3-10 学生参与"运动校园 App"跑步的总里程情况

图 3-10 表明,参与"运动校园 App"跑步的学生中,有 200 余人达到 100 千米以上,有近 200 人达到 81—100 千米以上,完成最短距离 20 千米以上的也有 700 余人,而完成 21—40 千米的人数最多,有 1000 余人。

从以上数据图中看出,在"互联网+"时代,学生对网络系统比较感兴趣,接受能力也很强,自推出"运动校园 App"后,短短时间收效颇丰。近几年里,学校的操场上热闹起来了,学生的锻炼积极性很高,在阳光下、在月光下都会看到很多可爱的、矫健的身影,三三两两在体育场跑步锻炼,大家都是为健康、为燃烧卡路里、为共同的目标在运动,也给高职校园谱画一道健康、美丽的风景线。

以上只是高职校园中落实的一种休闲体育方式。当然仍有大多数学生为了应付成绩才被动参加了校园休闲跑步,没有真正自主地参与到运动中去,很难实现休闲的目的。各高职院校推行的休闲体育项目各有千秋,建议在高职院校内部加强对学生的鼓励机制,让学生动起来,让更多学生更加自觉自主地走出网络,走出寝室,走向健康,走向快乐的休闲体育场所,真正休闲起来。

除了通过"运动校园 App"参与活动,休闲体育的组织形式有很多,如自主进行、临时伙伴、学校团体组织、社会团体组织、户外运动俱乐部等。在调查中发现,高职院校学生参与休闲体育活动多以临时组织伙伴为主,近乎半数,个人自由进行的占到三分之一。临时伙伴中大多是认识的同学和朋友,还有的是偶遇,如在球场上相遇然后共同进行休闲体育锻炼。选择临时伙伴进行休闲体育运动锻炼的多为男生,因为男生参与体育运动锻炼的人数较多,很容易临时组织起来。学校相关团体、俱乐部等没有发展起来的原因在于,在目前的高职院校当中,很少有以休闲体育为主题的团体或俱乐部,即使有也因为经费、条件有限,无法吸引更多的人参与,久而久之这些团体和俱乐部可能就流于形式,不能有效地组织学生进行休闲运动锻炼。

五、高职学生参与休闲体育的满意度

新时代高职学生表示,在大学期间由于空闲时间比较多,愿意参加一些自己感兴趣的休闲体育项目,既可以丰富课余生活,还能强健体魄,在参与休闲体育运动的同时,能认识很多伙伴,提升自己的自信心和气质,最重要的是能提高身体素质,增强体质,为每年的体质健康测试做好充分准备。表 3-1 是对浙江省高职学生参与休闲体育满意度统计的情况。

表 3-1　浙江省高职学生参与休闲体育满意度的统计情况

满意度	人数	有效百分比(%)	累计百分比(%)
完全同意	327	32.25	32.25
同意	338	33.33	65.58
不确定	281	27.71	93.29
不同意	56	5.52	98.81
完全不同意	12	1.18	99.99
合计	1014	99.99	

问卷数据(表 3-1)显示,目前大部分学生对参与休闲体育比较认同和满意,有将近七成的学生根据自身喜好参加的休闲体育,通过自主参加休闲体育活动了解自我,增加了自信,丰富了自身的课余时间,满足了自身的爱好。许多学生通过休闲体育认识很多身边的人和事,尝试了以前没有接触过的新鲜项目,认识了很多新朋友,培养了乐观向上的心态。部分高校的休闲体育场所对校内学生免费开放,学生在活动过程中感觉到身心愉悦,也没有经济负担。只有少数学生对休闲体育场馆环境不够满意,应该是学校不够重视所致。总而言之,在高职校园中开设休闲体育项目,于学校于学生于社会都是一项光荣而艰巨的任务。

第二节　高职学生参与休闲体育的动机

休闲动机是指引起、引导和整合个人休闲活动,并导致该休闲活动朝向某一目标的内在心理过程。休闲动机是产生休闲活动的主观原因。随着休闲时代的到来,新时代高职学生已经逐渐认识到休闲体育的重要性和价值,但是真正参与到休闲体育活动中的人数并不多,他们还未养成经常或者终身参与休闲体育活动的习惯。大部分学生的休闲体育活动主要还是集中在慢跑、打球等常规传统体育项目上。因此,从整体的社会环境、社会氛围入手,高职院校要大力宣传休闲体育,丰富学校的休闲体育活动,鼓励广大高职学生更积极地参与到休闲体育中来。

一、休闲体育动机

所谓休闲体育是一种在空闲的时间里进行的,通过一定的身体活动而产生最佳心理体验的有意义的现代生活方式。从心理上说休闲是出于内在动机或目标的驱使,不受外在动机或目标的支配;从可观察的行为上看,休闲参与者只注重休闲过程带来的内在满足程度,而不注重休闲导致的外在结果。卢元镇先生认为,休闲体育是人们怀着轻松、愉快的心情自愿参加各种体育活动和娱乐活动,既不受限于体育教学的种种严格规定,也不追求高水平的运动成绩,甚至有的也并不把体育的强身祛病作用放在首位,而是把体育运动作为一种有意义的活动形式,度过自己的闲暇时间,使个人在精神和身体上都得到休息、放松和享受。休闲体育作为休闲的一个重要内容,也同样是在个体内在动机的驱使下开展的休闲活动。因此,我们在设计问卷时按照上述休闲体育的定义,排除外在的动机,着重强调高职学生对休闲体育的内在动机而进行设计。

(一)休闲动机的基本理论

1. 个人/社团理论

有相当高比例的休闲行为受到所在团体的影响。休闲行为常受到同龄人、同阶层人、同学、同事、工作环境或邻里环境的影响。人类总是喜欢社交、喜欢群体活动的。

2. 不平衡理论

心理上的稳定均衡状态是身心健康的表现。当某种需要出现时,动机系统中的非均衡或紧张感随即产生,促使有机体做出相应的行为选择用以满足这种需要,从而达到新的均衡;需要满足以后,则心理状态趋于均衡;心理均衡之时正是行为终止之时。不同的休闲行为和休闲环境对需要的满足程度也是互不相同的。人类休闲行为的动机可以来自生理方面,也可以来自心理方面。心理上获得了平衡,人才会平和;心理上若不平衡,人就会寝食不变,就会感到焦虑烦躁,并由此驱使人去活动,以恢复心理平衡。这就是心理驱动力。心理动机是人在社会生活中学习的产物,是"以知识为基础"的,所以,接受过高等教育的知识分子往往会比一般人能承受更大的精神压力。

3. 熟悉

熟悉理论认为,休闲者是出于习惯才进行某些休闲活动的,这些人将休闲行为和习惯融为一体。熟悉理论的基本假设是:那些人已在社会生存中觅得一条舒适、安全、自在的生存或消遣道路。这一理论将休闲行为与惯例、习性相连。休闲者是因为习惯不肯打破常规而从事某种休闲活动,借此可以获得熟悉而又可靠的休闲收益。

一般来说,保守或冒险性格的形成与个人的社会文化背景具有很大关系。一些人特别在意生活的稳定,不乐于冒险,对去陌生地区旅游常怀顾忌。那种希望成为一个老守田园者的休闲模式和想成为一个流浪者、寻求新奇刺激的休闲模式,是完全不同的。这就是好奇理论的影响。

4. 需要层次理论

休闲是人类进入较富裕的后工业社会的高级需要。经济的发展为现代人提供了休闲的外部条件,即经济能力与自由时间;社会的发展使人类的社会需要大为增加和提高,并存在于人类的需要系统中;人类全面发展的价值观正在逐步加强。人们在物质生活得到满足之后,转向对精神生活的追求是符合马斯洛需要层次理论的。杜马哲强调,在休闲的决定因素中,活动内容起重要作用,人类活动的内容有四个基本方面:补偿活动、家务活动、社会宗教活动和自我实现活动。休闲属于自我实现活动范畴。

5. 补偿/溢出理论

这是最普遍也是最经常被提到的休闲、旅游行为理论,补偿性是指在休闲中寻找工作领域无法找到的快乐,例如人们工作忙碌了很长一段时间,常以旅游散心放松自我,补偿犒赏自己前一阶段的忙碌。这一论点的逻辑关系是工作与生活的主力,而休闲是工作这一苦差事的一种代替或补偿。溢出理论也称普遍性理论,是指将工作领域中的快乐与体验带到休闲世界中来。这一理论的基本理念是休闲与工作平行发展。如果工作使人感觉非常兴奋、顺畅或刺激,那么,工作者就会有意无意地持续这样的感觉,仍然选择比较令人兴奋、流畅、刺激的休闲方式。而那些在工作中得不到趣味的人,就会将无趣的工作惯性地带到休闲活动中去,形成无趣的活动。

(二)学生休闲动机的发展因素

在有闲时代来临的今天,高等学校体育已不适合以"健康单一"为指导思想,要加强宣传并发挥体育的休闲、娱乐等多种功能,努力使体育回归生活,并把它作为一种健康、科学、文明的休闲方式向大学生推介,以充实、丰富大学生的课余生活,提高他们的休闲质量,促进他们的全面发展,从而进一步激发高职学生对休闲体育的兴趣,培养他们树立终身体育的意识。

休闲体育本身是学生获得身心愉悦的过程,让学生在快乐中增进身心健康是学校体育工作的理想目标。高职体育是高职教育的重要一环,必须树立"以学生为本"的体育工作指导思想,并在实践中注重高职学生内在的心理体验。同类别的高职学生对休闲体育有着不同的休闲动机和休闲体验,在体育教育工作中或课外体育指导工作中,要因材施教,区别对待,努力使学生的休闲动机多元化,以达到畅爽的休闲体验,形成良好的参与休闲体育活动的生活方式和休闲习惯。

21世纪是一个全新的时代,社会走向更加文明和谐的时代。因此,休闲体育正是顺应时代性需求而来的,人们越来越重视身体的素质提升,促使高级应用型人才的需求越来越紧迫。通过对休闲体育相关方面的研究,人们能够认识和科学参与休闲体育活动。高职学生日常休闲活动的动机包括长知识、放松身心、锻炼身体、增加交往、打发时间等。长知识和放松是高职学生进行休闲体育活动的主要意图,很少有同学在休闲体育活动中去主动发展自我、调节情绪,这说明高职学生休闲动机主要还是集中在身体方面,没有向心理方面去延伸。并且从休闲动机中也可以看出,高职学生在进行休闲活动中对自己的要求较低,这就是为什么现在大学生的生活比较枯燥,并且具有盲目跟从的特点,眼光比较局限。因此,在进行休闲体育活动中,高职学生要尽可能地去发展自己的格局,从终身体育的角度来参与休闲体育活动,并主动掌握一项休闲体育技能。

休闲体育属于体育的一部分,当然具有体育的原本功能,可以起到强健身体的作用。尤其是随着科学发展,人们的体力支出大大减少,营养过剩和运动不足等原因引发的心脑血管疾病、糖尿病、肥胖症、三脂高等现代文明病逐步威胁着我们的健康。人们开始重视体育运动,在闲暇时间参加各种体育活动来强身健体,以弥补缺乏运动对身体健康所带来的负面影响。随着人们生活节奏的加快,心理压力和心理疲劳感也在加重。我们可以通过休闲体育娱乐身心以得到心理放松。我们所说的休闲体育活动,没有竞技体育激烈的对抗性,也可以回避因失败而产生的消极心理,不必肩负成败胜负的责任,无论在精神上还是体能上都不存在任何压力。我们还可以在闲暇时根据自己的实际情况,自由选择活动的项目、方式、时间,依据自己的意愿,自由、轻松地从事身体活动或观赏休闲体育活动,以忘却学习、工作、生活中的一切烦恼,在精神上获得一种解脱和快乐感。

休闲体育不仅是娱乐健身的载体,也是拓展交际、增进感情交流和交友的润滑剂。人们通过休闲体育运动可以结识不同职业、年龄、性别的人,丰富生活和增进相互间的感情。无论在哪个行业,休闲体育已经成为人们情感交流的有效途径,可以说休闲体育在某种意义上成为人与人之间的情感桥梁。如今社会在不断发展,每个人都需要不断提高自己。休闲体育发展功能中,能令每个人内心深处的多种个性特征展现出来,避免线性生活方式所引起的生理或智力的衰退。因此,很多人把休闲时间看作塑造自己的最好时机,充分发掘自己潜在能力。从现代的观念和意识来看,个人的发展应该是全方位的发展,而身体的发展则是一切发展的基础。休闲体育有健身和塑身等作用,这不仅满足了人们健康长寿的需求,也能使追求外在身体美的需要得到满足。

高职中休闲体育应当是大学生利用余暇时间,进行休闲体育活动达到身心相融自愿参与的一种非正式组织化的休闲活动。调查发现,大部分高职学生都认同休闲体育能够提高自己的身体生理机能,预防慢性疾病(高血压、糖尿病和心血管疾病等)。但是他们参与到休闲体育中的人数较少。这说明高职学生对休闲体育的认知较为肤浅,认为自己年轻身体不会有事,就不愿意参与到休闲体育中,没有认识到休闲体育作为一种健康的生活方式是长期累积的效应,它对自己以后保持身体健康和良好的幸福感能够起到非常好的效果。

二、高职学生参与休闲体育的特征

休闲体育与体育运动的其他外延的联系。当某种体育活动用于竞技时,可视为竞技体育;用于娱乐休闲时,则可视为休闲体育。区别于一般体育活动,休闲体育具有明显的特征。

(一)自然生态性

大多数体育休闲运动在户外,与地貌形态关系密切,讲究山、水等自然环境条件,部分项目还带有自然探索特点,越为原始、生态,越是体育休闲所追求的,以求人与自然的和谐。

(二)地域多样性

体育休闲活动适合地域多样变化,讲究对不同地理环境的适应与征服,一般不会在同一地点进行多次的体育休闲活动。对不同地域文化的感受和获取可以使人们在运动的同时实现自我调适。

(三)挑战性

体育休闲运动以实现自我满足为目标或挑战自身生理极限,或挑战别人没有做到的,或挑战人类的未知领域,部分项目与自然科学研究联系紧密。

(四)体验性

体育休闲是一种体验性活动,更加注重对活动环境、器材、装备的体验和要求,更加注重心理上的刺激与满足,以及服务和产品的个性化和差异化,具有更大的产业拓展空间。

(五)康复性

休闲体育对生理、心理具有双重作用,有助于养成科学的生活方式,形成积极的人生态度,缓解和释放紧张与压力,达到促进新陈代谢、改善身体机能、增强体质健康的目的,降低亚健康、慢性病风险。

新时代高职学生休闲的需求和环境变化,既对传统休闲提出新的挑战和要求,又为休闲体育等新业态提供了更加广阔的空间。与传统休闲相比,休闲体育是动态的,在身体形态上,以身体运动、体能消耗为主,达到身心和谐;在活动内容上,更加注重对于环境、载体、项目的深度体验和感受,满足部分人群对于挑战生理和心理极限的心理需求;在休闲目的上,通过主动的身体运动,对多种技能的掌握、环境的适应、心理的调适,以同时达到生理上的主动调整和心理上的自我满足。

三、参与休闲体育的宏观动机

(一)净化情感动机

人们在日常生活中经常会产生一些精神上的压力、心理上的不满或者情绪上的不愉快,休闲体育运动能够有效缓解这些压力,同时对于负面情绪的宣泄以及心理上的平衡具有积极的作用,有助于使人的心境恢复平静。

(二)社交动机

人们通过参与某些休闲活动实现与他人交往的目的,同时提高自身的素质,实现自己对社会适应能力的目的。

(三)报偿动机

在学习、工作和生活中,并不是人们所有的欲求都能得到满足,这种欲求不满会使人们心理产生一种不满足感、挫败感。因此,可以通过某种休闲体育活动体验成功感和满足感。处于青春期和叛逆期的学生群体在学习中遇到挫折和不顺时,非常容易产生这种动机。

(四)放松身体动机

为了缓解身体的疲劳与肌肉的紧张,通过某种休闲体育活动来使肌肉松弛,身体获得积极的恢复。

(五)发散精力动机

希望将自己工作、学习之后剩余的精力,通过某种活动方式继续发散出来。这种动机在精力旺盛、活泼好动的青少年人群中表现尤为明显。

除以上几个具有普遍性的常见行为动机外,有些人参与休闲活动可能只是为了追求某种感官上的刺激,有些人则可能是为了暂时逃避各项责任。但就大多数人而言,以上几项行为动机是他们参与休闲活动的常见动机。需要注意的是,人们参与休闲体育活动的动机并不是单一的,有时可能会在多种动机的共同作用下做出选择。例如,很多人在进行休闲体育放松身心的同时也在进行着一些社交活动。根据生理学的相关研究,积极恢复与消极恢复是消除人体疲劳的两种方式。积极恢复指的是借助相应的身体运动促进新陈代谢,实现恢复的目的;消极恢复指的是自然的恢复方式,不通过运动,而是通过静止休息的方式使人体实现自行恢复。研究表明,轻松适量的积极恢复方法能够帮助身心更加快速地恢复到较好程度。而且通过积极的身体恢复,人体的激烈、紧张以及焦虑的情绪能够得到有效缓解甚至消除。该项研究告诉我们,进行适宜的身体运动不仅有益于我们机体的健康,同时还对我们的精神世界具有积极的作用。由此,我们便不难理解为什么在现代社会丰富多彩的休闲活动中,休闲体育运动会占有如此大的比重。

休闲体育的快速发展,彰显出人们的整体生活水平获得了较大幅度的提高。作为最有活力、最具发展性的休闲行为方式,休闲体育运动随着城市化水平的不断提高、休闲体育设施以及场馆的不断完善,逐渐成为促进经济发展提升城市形象以及精神文明建设的重要途径。现代休闲体育运动不仅能够使人们在城市紧张的节奏、狭小的生活空间中获取难得的轻松愉快,同时还能够使人们更好地感受自然、体验自然、亲近自然。此外,在城市化进程不断加快和社会不断变革及转型的今天,人与人之间关系的冷漠成为一个越来越鲜明的社会问题。人们在参与休闲体育的过程中,能够对人与人的情感交流和沟通产生推动作用,进而更好地释放人们在身心上的压力。由此可见,对于都市群体来说,休闲体育运动是人们生活中的一项重要需求。当前,越来越多的人开始接受"花钱买运动,花钱买健康"的观念,小康社会的休闲方式逐渐以休闲体育为主流。居民消费结构的转换以及消费需求的扩张已成为中国经济高速增长的主要动力。此外,以休闲体育运动为正体的休闲活动也必将在很大程度上推动我国经济的可持续发展。

四、高职学生参与休闲体育的心理动机

据调查反馈可知,高职院校学生参与休闲体育运动的动机体现在多个方面,其中涵盖了强身健体、磨炼意志、消遣娱乐、增进交往、调节心情、减肥等。其中有34.22％的学生选择参与休闲体育活动都是为了强身健体;15.41％的学生是为了兴趣,如参与户外运动、攀岩等项目;32.15％的学生是为了摆脱浮躁,调整心情,释放学习压力等,多参与散步、越野等项目;2.47％的学生是为了消遣娱乐,同时也是为了释放学习压力,如参与户外拓展训练、体育游戏等项目;9.47％的学生在休闲

体育活动中为了扩大人际关系圈；有 6.6％的学生是为了减肥塑形而参与有氧健身操、瑜伽等项目。其中，男生的休闲体育动机基本上集中在锻炼身体、锻炼意志、消遣娱乐这几方面，基本上没有人选择为了增进情感、锻炼体形而进行休闲体育活动。相反，女生的休闲体育动机则主要为调节心情、释放压力、增进情感、锻炼体形这几方面。这也和男女生的身心与性格特点不同有直接的关系。高职院校学生在参与休闲体育活动以后，大多数学生都觉得思维锻炼得更活跃了，提升了学习效果。不过，在"这一问题感受很累也影响学习"中，高职院校男女学生的选择差距比较大。其原因可能是男女生生理情况不一样，运动体能差异也较大，女生的生理状况与运动体能使得她们在同一运动量或运动强度下，运动后会更加感觉疲劳。

问卷发放 1200 份，收回有效问卷 1014 份。问卷数据显示（表 3-2），新时代高职学生对自身的身体健康比较重视，说明现代人的观念已经形成，在追求身体健康的基础上，还特别注重心理的健康，通过休闲体育运动放松心情，减轻学业上的压力，这一动机跟新时代对新青年的发展要求非常契合；新时代高职学生需要友谊，需要更多地结交好友，所以在这一点上仍须加强对学生的引导，学生对发挥体育特长方面也表示得不够积极，主要是特长比较少，建议高职体育教学中尽量培养学生的休闲体育兴趣和特长，帮助学生养成终身休闲体育的习惯；休闲体育活动也能成为学生发泄不良情绪的一种行为途径，使学生愿意走到休闲体育场所来，通过休闲体育缓解心中的不悦，让心情能够快乐起来。

表 3-2　浙江省高职学生参与休闲体育心理动机的统计情况

动机	人数	有效百分比（％）	累计百分比（％）
放松、减压	326	32.15	32.15
强健体魄	347	34.22	66.37
结交好友	96	9.47	75.84
兴趣、特长	153	15.09	90.93
发泄不良情绪	25	2.47	93.40
其他	67	6.60	100
合计	1014	100	

第三节　高职学生休闲体育意识和习惯特征

休闲体育是带有时代气息的社会文化现象，是一种存在方式。学校休闲体育教育为学生架起从"为体育的生活"到"为生活的体育"的桥梁。高职院校体育教育在坚持"健康第一"，尊重学生的个性发展需求和注重学生的健康心理品质培养的同时，还应采用"俱乐部式"和"三自主式"教学模式，注重休闲性，逐步引导学生养成休闲体育意识、态度和习惯，为他们走上工作岗位后把休闲体育作为一种健康文明的生活方式奠定基础。

一、高职学生对于休闲体育意识习惯的倾向特征

（一）娱乐性

娱乐是能让学生忽略甚至忘却体育对体能造成负面体验的积极的心理引导或暗示，使学生把体育健身活动与体能休息、机体放松的悠闲结合起来。从产业发展或企业经营的视角，娱乐以休闲体育现场的音乐、娱乐氛围与娱乐设施装备为基本的内容。学生以自娱自乐的心理开展健身活动，在相互之间快乐的配合中，去创造快乐、享受快乐、传播快乐，例如各种幽默健身方式的运用等。

（二）兴趣性

休闲体育自身的场地开放性、项目宽容性，为学生发现兴趣、培养兴趣与兴趣成长，创造了多元发展的软硬件环境。根据休闲体育的相对自由性，现代体育项目多以现代体育项目的规则、技能的娱乐化运用为载体；传统体育项目以民俗性的幽默内容为主，人们通过项目技能的健身运用去享受民俗文化的乐趣；时尚体育项目以时尚自身的魅力，满足个人需求等。从心理学的角度来解释，兴趣作为全民健身最稳定的、快乐的、积极的动因，能持续性地为健身者带来发自内心的精神和身体统一的享受。

（三）健身性

无论休闲体育还是各种健身活动，都具有通过学生喜闻乐见的健身项目或技能的运用，调整体力、流通气血、培补精气，达成提高免疫力和健康水平的目的。尤其休闲体育的自由性、非功利性，以顺其自然的方式为全民健身提供了启发。因此，全民健身也呈现了非竞技性、非极限挑战性、非强迫的体能体验，体现了生命的保养、调养与颐养的健身特点。

二、休闲体育活动融入学校体育课程教学

(一)休闲体育教育

休闲体育教育不仅能够让学生享受生活,而且还能对高职院校学生的休闲时间进行科学分配,促进其健康成长。休闲教育一般包括智育、体育、美育、心理与社会经验教育,公益活动的参与,社会活动的参与,野外生活体验,有利于健康的体育活动,等等。始终坚持终身体育、健康教育的目标宗旨,引导学生养成良好的体育行为习惯,这需要循序渐进、日积月累。学校应当结合学生自身的情况,打造和发扬丰富的体育项目,例如瑜伽、太极拳、跆拳道、毽球、健美操、舞龙舞狮和定向运动等;应当制订年度或者学期的校内外体育活动以及各类比赛计划,学习现代社会流行的运动形式和中国传统体育运动,增加必要的场地器材和体育设施,组织有趣味的体育竞赛等,让高职学生的休闲理念更加多元化,并结合价值观与判断力培养学科人才,为休闲体育理论知识发展做好铺垫。休闲体育教育的设置应该借鉴学习国内外的优秀教材内容,并组织相关人员编写符合高职院校自身情况的教材书籍。

(二)加强师资培训,提高教师自身休闲水平

要发展高职院校的休闲体育教育,就应该重视师资培训。师资培训主要集中在师资队伍培训保障方面,根据高职院校的具体情况,各校教师应加强沟通交流,集思广益,补充好新生教师力量,加强年轻教师培训工作。根据高职院校的人力、财力、物力,完善休闲体育教育师资队伍,创造性地开展高职院休闲体育教育工作,实现休闲体育教育的培训、教学、教研三位一体。高职院校应该加强教学调研,在提高教育质量的同时打造学术型教师队伍,并通过管理机构设置、规章制度建立、时间与人员安排确保休闲体育教学科研活动可持续发展。

(三)加强体育设施的建设和利用

高职院校休闲体育开展应该有完善的设施保障,而这也是体育课堂教学可持续开展的基础,并且还应该合理安排场地器材,激发高职学生的兴趣爱好,在活跃的课堂氛围中让高职学生顺利掌握休闲体育的技术动作要领。同时,给高职学生创造休闲体育活动的参与环境,积极根据现有场地设施营造良好的休闲环境。例如,增加体育运动场地开放时间、提高休闲场地服务意识、增加体育场地夜间照明系统,方便学生的身体锻炼。教师可以让学生拥有更多休闲活动机会,让他们在学习之外进行休闲体育技能锻炼。学校可以降低收费场馆费用,以吸引更多的高职学生参与休闲体育锻炼。

(四)营造良好的高职院校休闲体育文化氛围

在体育基础教育改革中,健康第一和休闲体育教育中的身心健康的发展目标

是相同的。休闲体育提倡健康、文明的生活方式。所以,应该不断宣传高职院校的休闲体育,以在学生中形成广泛而深刻的影响,使高职学生了解休闲体育的重要作用。我国教育部已经认可了休闲体育的重要性,这也在客观上促进了高职院校休闲体育文化建设,使休闲体育教育迅速发展。高职院校应该乘势加强休闲体育健身服务宣传,引导高职学生积极参与休闲体育活动,在高职院校中打造健康、积极的舆论氛围。

三、休闲体育培养学生的生活习惯

(一)树立健康的休闲观

通过各种休闲体育知识和技能的传授,发展学生对休闲体育运动项目的志趣和爱好,培养他们的休闲体育意识,帮助其树立健康的休闲体育价值观和休闲体育态度,学生会做出有价值的、明智的、自主的休闲体育选择,以丰富和提高其休闲生活质量。

(二)培养良好的休闲行为

在休闲体育教育中,通过技能的学习,学生掌握一定的休闲技能,形成正确、有效的休闲体育方式,并产生对休闲体育活动的良好兴趣,从而形成终身休闲的体育观。在休闲体育教育的过程中,引导学生正确了解自己的休闲体育行为选择是否符合自己的休闲体育观,从自己的兴趣、期望和特长出发选择休闲内容,养成科学、文明、健康的生活方式。

(三)养成良好的生活习惯

通过休闲体育教育,引导学生合理安排自己的闲暇时间,摒弃落后、愚昧、腐朽的不良休闲方式,抵制精神鸦片,健康生活。休闲体育教育培养的能力非常广泛,表现为智力、玩的能力、欣赏美的能力,还包括价值观判断能力、心理承受能力以及社会交往能力等。休闲体育教育的目标就在于提高运动者的上述能力,使运动者能享受更高质量的生活。

第四节　高职学生参与休闲体育的必要性和现实意义

随着我国社会的不断进步,当今社会竞争不断加剧,为了能在以后工作中增强就业的竞争实力,目前许多高职院校的学生越来越重视自我身体的健康,因为身体是革命的本钱,有了良好的身体素质才能更好地投身于工作。

一、学生参与休闲体育的必要性

新时代高职学生从高中或者职高升学,由青少年的懵懂时期到青年的初期,从高中时期到大学时期,有的学生迷茫,有的学生励志,无论家庭背景如何,不管学习成绩如何,学生最终要长大,要步入社会成为社会人,在校期间能够接受更好的锻炼,对每个学生来说是必要的、需要的。在成长过程中必须经历和克服的几个阶段:

(一)不知道自己不知道

"不知道自己不知道"是人们对高职一年级新生状态的描述,指的是刚进校门的大学生对大学生活什么也不懂,完全处于迷茫状态,整日上课忙于跟着教师转,下课跟着同学转,对于大学期间整体规划和未来的职业生涯,很少有系统的思考,所以不知道自己不知道。大学学习主要靠自学,可以自主控制进度。学生通过了解本专业的总体课程设置,从而恰当安排业余学习、辅修专业等学习计划。许多大学新生是第一次离开父母与同学一起集体生活,因此,要学会在集体生活中与人相处。同学相处要不卑不亢,坦诚相待,这样才能有好的开端。

(二)知道自己不知道

"知道自己不知道"是人们对高职二年级学生状态的描述,指的是经过一年大学生活,学生开始知道自己各方面的欠缺,从而开始努力学习。因此,很多大二学生努力考取英语四六级证书、计算机等级证书等"硬件",同时由于进入专业学习,一些学生利用假期进行社会实践。这也是一个自然过程。在大学二年级,一般进度是专业基础课和专业课教学。这时理论学习的重点要放到专业基础课和专业课上,通过了解专业的发展历史和研究现状,在大脑中建立一个比较完整的知识体系,从而真正提高专业素养。要利用图书馆、网络和专业教师等教育资源,掌握该专业的最新发展动态,提高专业学习的兴趣和动力,使自己在学完一门课程后真正成为该领域的"小专家"。经过大学一年级学习,学生的知识结构、价值观念、兴趣爱好等个性特征也许会有变化,要再次评估自身并做出调整,其目的在于确定一个可以为之奋斗终生的目标。这很重要,在大学做出调整仍然不迟,但是需要有坚忍的毅力和科学的方法,并充分利用现有制度和机会。一旦确定自己的人生目标,就可以在假期或者周末去做些与之相关的专业实践或实习,注意用心体会和总结,用以促进自己的专业知识学习,并提高实际工作能力。考取各种证书是大学二年级的一项重要内容。未来社会持证上岗日益普遍,英语四六级证书、中高级口译证书、计算机等级证书等普适性证书是大二学生考取的热点。还有许多专业资格证书如注册会计师、律师资格证等,也成为现在大学生考取的热点。考取证书不能盲目跟风，一定要明确自己未来的人生目标，根据目标选择合适的证书作为考取对象。

（三）不知道自己知道——知道自己知道

"不知道自己知道——知道自己知道"是人们对高职三年级学生状态的描述，是说他们经过大二的努力学习已经懂得许多知识却不自知，仍然继续学习，它也揭示出大学生对自身认知的不足。大学三年级是大学生发展方向急剧分化的一年。一般来说，大学生发展方向分化应该表现在高职三年级的第二学期，然而由于就业和考学的压力加大，大学生考虑到未来发展需要提早准备。大学生毕业后发展方向大体有就业、继续考学、出国等，出国也不外乎就业和深造。因此，大学三年级学生表现出多样化的学习生活方式。如果打算毕业后直接就业，那么学生在学好专业课的同时要更多地参加专业实践，如主动到校外公司或者与就业意愿相关的组织寻求实习机会。在实习中有意识地运用专业知识，提高专业技能，并与组织中的上级、同事建立良好的人际关系，这些不但有助于毕业后留下工作，也有助于到其他地方寻求工作。如果希望毕业后考学，也要提前做好准备，因为近年来专升本考试的人数急剧增加，考试难度加大。最好选定自己感兴趣的专业和学校，否则即便考取也会带来新的困惑。确定目标后要针对不同学校和专业的考试要求，积极准备考试内容，全面准备要为自己留下至少半年备考时间。如果毕业后要出国深造，那么外语就成为需要攻克的难关。出国前要参加托福、GRE 或者 GMAT、雅思等外语考试，并取得较高成绩。千万不要认为专业课学习成绩不重要，许多国外大学都要求专业学习成绩优秀的学生申请，因为专业素质对他们来说是稀缺的，外语能力好的人却普遍存在。在大三发展方向分化的时期，切勿盲目跟风。学生一定要保持清醒的头脑，认清自己的人生目标，要有主见，确定适合自己性格、能力和兴趣的发展方向，并脚踏实地去实现它。最后知道自己大学期间获得了什么东西。到那时，就业仍是多数学生生活的主题。大家也许会奔波于各个招聘会之间，或者被各个公司的面试安排占据多数时间。此前虽然有专业知识和工作经验，但就业市场历来存在信息不对称问题，必须充分向劳动力市场展示自己的优点。学生要学习制作简历、找寻就业信息、面试技巧等技能。这些知识和技能可以在互联网上找到，学校也会在每年毕业前夕提供这些专门培训，还要求学生完成一篇毕业论文。如果完不成这篇论文，无法及时毕业，损失也许会远远超出想象。

在学习压力下，大学生的身心健康是社会和每个家庭、每个人重视的内容之一。身体是革命的本钱，大学里体育锻炼更多的是自觉参加。作为一种习惯，体育锻炼能增强体质、提高大脑兴奋度，有规律的作息习惯对于保持旺盛的精力和健康的身体是有益的。这些习惯也必须在大学一年级时养成，如果养成不良习惯，今后再改正就难了。

二、学生参与休闲体育的现实意义

休闲体育在高职体育中具有很大优势,对于现代有闲的高职学生具有积极的现实意义。现代人高效率快节奏的学习工作,占据人们大量的时间,这使得日常付出整段的时间投入休闲活动变得奢侈。而体育活动在时间要求上是十分宽松的,课余间歇、茶余饭后、早晨晚间,时间可长可短,完全可以由自己的体力、兴趣、忙与闲而定。休闲体育活动不拘泥于形式,可集体,可个人,可室内,可户外,可剧烈,可和缓,而且项目繁多,可以随心所欲地选择。体育活动项目可选择余地大,没有过高的技术与规则要求,对年龄、性别、身体素质没有一定之规,只要你有愿望参加,很容易就能入门。体育活动的场所要求不高,根据自己的喜好和经济承受能力可以做多方选择。收费的场馆固然条件优越,田径场、广场、公园、街道绿地也同样能开展活动,达到愉悦身心的目的。

休闲体育在高职院校的发展当然有其特殊性,在当前社会发展的态势下更显现出了其未来的巨大空间和潜能。高职院校是社会发展的产物,20 世纪末 21 世纪初逐渐发展起来,其人才培养目标定位于社会生产的第一线,是未来国家社会发展的基本动力和人才基础。其培养的学生首先体现在应用上,属于应用型人才,他们不仅具备一定的科学文化知识,而且还能够较快融入社会,定位在社会基层生产第一线,既要劳心又要劳力。高职院校近年来也呈现多元化人才培养的目标倾向,实现一专多能,这也是社会职业岗位的需要。自党的十八大及三中全会以来,我国倡导大力发展和培养技术创新型人才,实现大众创新万众创业的基本社会培养人才模式。高职院校迎来了新的发展契机和人才培养的挑战,地方本科院校,甚至研究生直属院校,均纷纷实现人才培养的转型,着力培养应用型本科生、专业型研究生等,使得普通高校人才培养的模式也要随社会改革而变化。休闲体育进入高职院校,适应了中国经济发展新常态,是培养应用型人才的拓展。休闲体育可以和较多专业课程相匹配,丰富理论,追求实践。休闲体育课程教学能够反映一所高职院校的文化氛围和精神文明建设程度,彰显出高职学生的精气神和学校的育人内涵。休闲体育有助于高职院校学生综合素质的提升,在学习精神上可以摆脱其内心的枯燥,通过休闲活动带动学生高效率地学习专业技术;在文化上,能够陶冶情操,提升学生专业/职业素养,塑造良好的人生信念和自信心,以更好地为社会服务;在健康方面,工作之余放松心态,加入休闲娱乐,能够舒展身心,为其以后工作注入精力。坚持终身体育的发展观念,养成运动习惯、休闲习惯,释放生活压力,端正生活态度,促其发展成为社会进步的动力和希望。可见,休闲体育在高职学生中有广阔的发展空间和美好的前景,作为一种健康文明科学的生活方式,休闲体育在高职学生群体中会逐步发展成休闲娱乐的主流,以适合健康中国的时代理念。

三、休闲体育活动的必要性

相关研究显示：在闲暇时间参加适度的体育活动，有助于消耗人体多余的热量，有效防止因热量积累而产生的肥胖；可以消耗血液中糖的含量，降低血糖浓度，起到预防和治疗糖尿病的作用；可以释放压力，舒展酸痛僵硬的身体，促进血液循环；可以健康且愉悦地度过闲暇时间；等等。由此可见，休闲体育是对付现代"文明病"的有效手段，是形成健康生活方式的基础。

世界卫生组织提倡不吸烟、少量饮酒、锻炼身体和平衡膳食四大健康生活方式。这四大健康生活方式从内容上讲，只涉及了饮食、嗜好和运动三个方面，没有触及生活方式的方方面面。因为此处提到的健康主要针对的是个人身体的健康，所以涉及的内容自然相对狭窄。我国健康教育专家洪绍光将健康生活方式归纳成16 个字，即合理膳食、适量运动、戒烟限酒、心理平衡；反之，则是不健康的生活方式。

概而论之，现代健康生活方式至少包括以下几个部分：

(1)营养。营养是为机体生长、发育和维持生命而消化、吸收和利用所需营养物质的生物学过程，营养物质是食物中对身体有营养价值的化学物质。一般而言，营养物质可分为两大类，即大营养素和微量营养素。大营养素包括蛋白质、脂肪、碳水化合物和一些矿物质，每天需要量很大，其构成食物的绝大部分，提供了机体生长、代谢和运动所需的能量和物质。微量营养素需要量很少，包括维生素和微量元素，其能催化大营养素的利用。我们在生活中要保持营养的均衡，既要多吃谷物和粗粮，也要多吃新鲜水果和蔬菜，注意少油、低盐、无糖，控制主食量，养成良好的饮食习惯。

(2)运动。运动是人类离不开的生活方式之一，人在运动的过程中，身体的结构会随着运动而变化，有助于加强自身的体质，促进新陈代谢。每天坚持安全适量的有氧运动，比如，利用微博、微信的计步器，每天走 1 万步；每周进行 3 次 30 分钟以上的体育活动；等等。让我们在运动中成长，在运动中保持健美。

(3)水。对于一个成年人来说，身体内 60% 的质量都是水，中医提倡水疗，用水养生，甚至提出了"五水养生法"。每天保证摄入足够的水，早起一杯水可帮助代谢；睡前一杯水对心脏有好处。

(4)阳光和空气。应多到大自然中进行户外活动，接受自然阳光的照射，呼吸新鲜空气。

(5)节制。学全控制自己，控制欲望，避免暴饮暴食、过度娱乐，改正不良嗜好和习惯，如不吸烟、少饮酒。

(6)休息。我们应劳逸结合，养成良好的作息习惯，保证充足的、有规律的睡眠。

(7)信念。相信科学的指导,建立信心,保持乐观的人生态度和平和的心态。

在以上七要素中,休闲体育运动是一个相对重要的部分。现代文明病产生的一个显著原因是缺乏运动。由中央电视台《生活》栏目和国家统计局城调队联合开展的"城市居民5年生活质量变化调查"显示:21世纪以来,我国城市人最向往的生活从"经济富裕"转变为更倾向于"身体健康,心情舒畅"。科学的发展推动社会生产力大幅度的提升,社会生产和生活物资丰富,人们闲暇时间明显增多,怎样身心健康地使用越来越多的闲暇时间将成为一个重要的社会问题。借鉴发达国家的某些经验,当社会经济发展到一定程度时,休闲活动方式的选择将会受到社会发展和人们文明程度的影响,对于大众文明程度较高的社会而言,休闲活动的形式和内容会越发有益于身心健康,而休闲体育往往是休闲活动的首选。

综上所述,休闲体育是休闲方式中最有活力、最具发展性的一种活动方式,是人们的一种生活享受。在生活水平和生活质量逐渐提高的情况下,人们对随意而自然的体育类休闲活动会更加热衷,"在线运动,花钱买健康"的观念已深入大部分城市人的心中。

第五节 参与休闲体育对高职学生的影响

影响学生参与休闲体育运动的因素有很多,有身体因素、心理因素、环境因素、社会因素,以及家庭背景等。同样的道理,参与休闲体育对高职学生的影响也是极大的。参与休闲体育运动极大地影响了学生的课余生活,影响了学生的身心健康,甚至影响了学生的人生观、世界观。

一、休闲体育对学生观念的影响

健康向上的休闲体育不仅有利于学生身心健康和综合素质的提高,而且有利于良好社会风气的形成及社会的进步,而不良的休闲嗜好,不仅容易伤害自身,甚至有可能形成反社会的行为。因此,对高职学生进行休闲体育教育,是特殊的体育文化熏陶与塑造,它对提高大学生生活质量意识,以及完善他们的心理、人格具有极其重要的作用。休闲体育不仅可以增强体质、增进健康,而且也可以满足人们身心与情感需求,还能够增进社会交往,给人们营造一个轻松、和谐、舒适的工作和生活环境,从而提高人们的生活质量。因此,高职院校应顺应时代的发展,加强对大学生休闲体育教育,使其树立正确的休闲体育价值观念及休闲体育态度,注重培养大学生提高生活质量的意识,这是休闲体育教育的一个重要任务。发展高职院校休闲体育教育,引导大学生在闲暇时间内积极参加丰富多彩的体育活动,充实他们的业余文化生活,使他们的身心在闲暇时间内得到更好的调整,这对避免不良社会现象的发生有积极的促进作用。

（一）休闲态度

休闲态度是大学生评价休闲活动在自己的整个生活中是否重要的一个指标。研究结果显示:高职的大部分学生还是很喜欢参与到休闲体育活动中来的,对休闲体育活动的认可度和好感度较高。因此,这对于在高职院校发展休闲体育活动的前景很可观,因为基本上没有学生会排斥这项有益身心的活动。从20世纪50年代到现在,学生的学习负担过重（主要指中学生）、体质状况下滑严重一直困扰着我们,我们经常看到某学生跑步时猝死的新闻,这都是缺乏体育锻炼或者是缺乏科学锻炼导致的。针对这一系列的现象,我国在20世纪50年代和90年代两次提出"健康第一"的口号。经常参与休闲体育活动,不仅能锻炼身体、放松身心,还能促进大学生的社会化。

（二）密切相关群体

父母、同学、朋友经常参加休闲体育活动对自身养成经常参加休闲锻炼的习惯具有重要作用。调查显示:高职学生的密切相关群体经常参加休闲体育活动,其自身也会经常参加休闲体育活动;而那些基本不参加休闲体育活动的相关群体也会影响大学生,带来不好的影响。因此,我们每个人都要做好自己这一部分,积极参与到休闲体育这类活动中,给我们身边的家人、朋友、同学做好榜样,起到带头作用。

（三）大众传媒

近些年,大众传播媒介兴起,在社会上刮起了一股旋风,与社会的各个方面都发生着联系。休闲体育是时代的产物,是一种大众社会文化活动,两个新兴的事物密切融合产生了现在的多元化的生活。大众传播媒介影响了人们的体育态度和行为,例如,奥运会、NBA的直播和转播,使越来越多的人开始认识体育、了解体育,从而参与到体育中来。调查证明:看体育节目越多的人,就越容易参与到体育项目中来。同时,休闲体育作为一个新兴的事物,大众传播媒介加快了其传播速度,加大了其社会覆盖面,影响也越来越深,从而使更多的人参与到休闲体育活动中来。大学生是接受新事物较快的一个群体,因此休闲体育在大学生中的流行是趋势所向。

（四）休闲体育需求设施

随着经济的发展,人们逐渐进入"有钱和有闲"的时代。人们的经济基础及其余闲时间的增多,允许人们参与到各种各样的休闲体育活动中去,来缓解人们的工作和学习压力。近年来,各高职院校扩招,入高职的人数也在增长,因此参与到休闲体育的高职学生也就越来越多。但是各高职的体育设施较少且层次较低,无法满足学生日益增长的休闲体育需求,也影响着高职学生参与休闲体育活动的积极性和热情。

二、学生受休闲体育特征的影响

休闲体育是时代发展的产物。因此,它体现时代的时尚性和多样化等特征,能够充分满足人们的休闲活动需求。与其他的活动相比,休闲体育没有强制的规定,只要人们有参加的意愿即可。如今,休闲体育因自身具有丰富的内容和形式,逐渐成为人们业余生活的主体,也是人们度过休闲时光的重要工具,对人的整体素质和精神文明建设有着重要的影响。

休闲体育是指将工作和学习的空余时间利用起来,通过体育锻炼这种轻松愉快的方式,实现娱乐和健身两者兼得的目的。休闲体育锻炼较为随意,形式也多种多样。高职院校体育和休闲体育则有着明显的差异,高职院校体育主要的目的是提高学生的身体素质,使他们能够更好地进行学习和生活。因此,高职院校体育和学生的全面发展有着紧密的联系。而就价值方面来说,两者的目的是相同的,都是希望通过体育的方式来提高锻炼者的适应能力和身心健康。高职院校体育是体育发展的一部分,能够让学生通过日常的学习形成终身体育的观念,从而重视对自身身体素质和运动技能的培养,因此,将休闲体育融入高职院校体育的教学中,不仅能够让学生的体育技能得到有效提高,还能够培养学生的终身体育观念。可以说休闲体育是高职院校体育的延伸,而体育的发展又是终身体育理念的贯彻。

休闲体育本身就是体育的一部分,同样具有强身健体的功效。尤其是科学技术普及的现代,受营养过剩和劳动不足等的影响,人们的健康受到了极大的威胁,因此,通过休闲体育能够有效弥补甚至消除因缺乏运动而造成的身体健康问题。在运动形式上,参加休闲体育既可以集体活动,又可以单独活动,运动健身的形式更具灵活性,人们可以根据自己的个性来选择不同的活动形式。在娱乐性上,休闲体育不像竞技体育那样具有强烈的对抗性和严格的规则性,人们追求的不是比赛的输赢或是成绩的好坏,而是通过非正式的、自发的体育活动来追求身心放松,是一种精神上的愉悦。在自主性上,休闲体育是一种完全出于个人意愿参与,并非他人强迫或有特殊目的的活动,参与者完全是根据自己的兴趣、性格和能力等来选择体育活动项目及其活动的方式与时间,以达到愉悦身心的目的。在社会性上,休闲体育包括多人参与的集体活动,所以在集体活动中各种关系的建立,渗透着广泛的社会学意义,特别在人际交往、关系协调等方面充分体现出它的社会性。人们能够依据自身的意愿进行相应的体育活动,也没有压力,能够在轻松愉快的氛围中进行体育锻炼,在锻炼身体的同时精神上也获得了解放和自由。

随着科学技术的不断发展,人们的信息量获取途径逐渐扩大,交际范围却在不断地缩小,而休闲体育能够让人们在活动中结识不同的人,拓宽自己的交际圈。休闲体育还是丰富精神生活和增加相互间情感交流的有效途径,是人与人交往的重要桥梁。随着社会的不断进步,人才的需求也逐渐变得多样化和全面化,而休闲体育能够充分地展现出人们需求多样化的特征,挖掘出人们的潜在能力,从而预防因线性生活而出现的生理和智力退化。健康的身体是发展的基础。休闲体育可以说不仅能够全方位促进人们的发展,还能够满足人们健身和塑形的外在需求。

休闲体育是一种新型的娱乐运动项目,因其具有娱乐和锻炼两大特征,受到了人们的广泛关注和喜爱,并逐渐成为人们生活中不可或缺的一部分。而高职院校作为培养人才的场所,为了紧跟时代潮流的步伐,也相应开设了休闲体育专业和休闲体育活动,然而由于多种条件的限制,并没有取得明显的效果。因此,休闲体育和高职院校体育的融合发展,还需要进一步的研究和探索。

三、受爱国主义情怀的影响

党的十八大以来中国体育发展目标是——共筑体育强国梦。过去五年,以习近平总书记为核心的党中央高瞻远瞩,提出一系列体育改革发展新战略,指出一条中国特色的体育强国之路,使中国体育取得了辉煌成果,这是中国体育深化改革、全面转型、成果斐然的五年。体育的内涵和外延从未如此丰富,当体育开始与经济、社会、文化、外交等领域融合而发挥多重复合功效,当健康中国、全民健康成为体育强音,体育强国梦正在汇入中国梦的时代洪流中。里约奥运会上,当惠若琪一记重扣让中国女排拿下赛点,最终时隔 12 年再夺奥运金牌时,小马拉卡纳体育馆沸腾了,万里之外的中国沸腾了,这是女排的辉煌,也是中国的荣耀。女排精神是中华体育健儿和中国人民砥砺奋进的象征。竞技体育有着凝心聚力的强大感召力、为国争光的爱国主义、敢于争先的拼搏精神、扬我国威的民族自信,正是实现中华民族伟大复兴的精神力量。为国争光,我们的高职学生也沸腾了。

四、休闲体育的娱乐功能对学生的影响

今天的学校体育教育,开始注意到在教学中增加娱乐因素,提倡身体娱乐与健康促进相结合。爱玩是青少年的天性,让他们了解为什么玩,教会他们怎样玩、玩什么、玩多久,则是社会教育的职责。我们正在逐渐摒弃过去强迫性的运动训练和以达标为目的的学校体育模式,更多地提倡在娱乐中锻炼,在锻炼中娱乐。体育活动对青少年和儿童身体、心理、精神的健康成长都有着重要作用,给他们提供锻炼身体的机会,有利于培养他们的交往能力和团队协作精神,激发他们的主动性和创

造力。青少年是社会的未来和希望,让他们在增长知识的同时,拥有健全的人格和强健的体魄,享受健康的快乐,不被淹没在高科技时代的电子游戏里,是教育的大计。在这里引用罗格先生的一段话:奥林匹克运动独有的力量在于她在一代代年轻人中间传播一个梦想,奥林匹克冠军对他们产生无穷的榜样的力量。参与奥运会的梦想把青年们引导到体育的世界,而体育作为一个教育工具将使他们收获良多。体育有利于他们身体和心灵的发育,体育教他们遵守规则、尊重对手,体育带给他们社会经验和知识,体育还让他们证明自己,并获得快乐、骄傲和健康。

五、高水平竞技的娱乐性和激励作用

观看高水平竞技比赛已经成为大多数中国人生活中的重要组成部分,奥运会期间、世界杯足球赛期间城市里人头攒动的景象并不罕见。体育竞技的魅力将人们从麻将桌、迪厅、网吧、游戏室吸引到赛场和电视机前,人们在享受竞技的美与和谐的同时与本国运动员的命运同悲喜共欢乐。这是一种别的娱乐难以替代的和谐,和五星红旗一起升起的是中国人的自豪,和眼泪一同迸发的是中华民族的激情。20世纪80年代初女排夺冠对整个民族的激励至今令人难忘,2001年北京获得奥运会举办权的那个狂欢之夜依稀就在昨天。这就是竞技体育的力量,它以其公平的竞争、完美的表现、通过不懈努力最终到达顶点的奋斗过程,乃至功亏一篑的失败背后不屈不挠的故事,诠释着全人类共同崇尚的精神境界。与此同时,我们仍不能回避体育的一些基本社会功能。前文说到的关于体育社会功能的转变,并不意味着否认它原有功能的存在。因为这些功能并非依赖于人为的说教和政治的外衣,而是体育本身所具备的优良禀性。体育竞技所具有的振奋民族精神,增强民族凝聚力和向心力,增进人与人、国与国之间交流与沟通的强大感召力,仍给今天的世界带来深刻的影响。

六、制约高职学生参与休闲体育的因素

休闲体育作为一种健康、科学、文明的休闲方式,既是高职院校教育的重要组成部分,也是高职院校对大学生进行休闲教育不可缺少的重要内容和手段。健康向上的休闲不仅有利于大学生身心健康,有利于人的整个精神面貌和整体素质的提高,而且有利于良好的校园风气的形成及校园文化的进步,而不良的休闲嗜好,不仅容易伤害自身,而且有可能导致违反校纪校规的行为。因此,对大学生进行休闲体育的教育,是特殊的体育文化熏陶与塑造,对大学生心理、人格的完善有着积极的作用。休闲体育不仅可促进大学生的身心健康,还可帮助大学生释放过多的能量,发泄心中的不良情绪,并为他们提供健康向上的精神动力,端正他们的世界观、人生观、休闲观,使他们远离黄、赌、毒,从而减少违反校纪校规的现象,改进一些不良的生活方式和习惯。

　　问卷发放 1000 份,回收 880 份,其中有效问卷 872 份。问卷数据(表 3-3)显示,高职学生对于场馆的要求不高,只要在校方便既可以接受,也时常会到邻近学校参与一些休闲体育活动,在校园内的场馆不进行收费管理,学生表示会提高休闲体育锻炼积极性,但是,休闲体育场馆的开放时间有点局限。在读高职学生课余时间比较多,而不同年级不同班级的学生作息时间差异较大,有时候闲暇时间里想去锻炼身体,却因为场馆开放问题受到阻碍。有少部分学生因为身体心理问题不能或不愿意到休闲体育场所,这就限制了自身锻炼身心的机会;有部分学生因为缺少运动技能导致兴趣爱好缺乏,要求高职学校加强师资队伍建设,加强体育课指导,让学生尽快掌握 1—2 个自身感兴趣的休闲体育项目,以便更多的学生能走向体育,达成休闲健身的小目标。

表 3-3　浙江省高职学生参与休闲体育制约因素的统计情况

制约因素	人数	有效百分比(%)	累计百分比(%)
场地	230	26.38	26.38
兴趣	323	37.04	63.42
技能	247	28.33	91.75
伙伴	72	8.26	100
合计	872	100	

第六节　高职学生对休闲体育的评价

　　人的休闲活动大致表现为经常性休闲活动和最向往的休闲活动两大部分,因此,我们对高职学生的研究也从这两个角度进行分析。在制订考核评价标准的过程中,教学部门不应当单纯地以基本技术为标准,要充分考虑评价标准的合理性和科学性,充分发挥出教学改革的促进作用。考核评价方式的制订应当以激发学生体育学习兴趣为基础,培养学生的学习热情,这样才能够在高职院校体育的教学改革和发展中取得良好的指导效果,才能够让学生认识到体育锻炼的价值和意义。在评价时不应当只关注结果,过程中的收获和体验也极为重要,只有两者相配合才能使评价更加公平合理。

一、学校的考核评价

　　体育教育评价体系是否科学合理直接决定着学生对体育的参与程度。传统的体育教育是应试教育,教师为教而教,学生为考而学,教学评价方式也比较单一,只注重学生考试的结果而不注重他们的学习过程,这在很大程度上影响了学生参与体育活动的积极性。因此,社会各界不断呼吁教学改革,体育教育改革也发生了巨大的变化。休闲体育教育是21世纪的学校体育教育由"教化身体"走向"解放身体,发展身体"的必然。由于它是近些年发展起来的,诸多项目都是新型项目,如定向运动、野外生存、素质拓展、街舞、瑜伽等,深受当代学生的欢迎。但项目的差异性较大,如瑜伽和攀岩,瑜伽强调的是在全身心的意念下,用呼和吸来调节肢体,而攀岩则是讲究技巧和身体素质,因此在制订休闲体育教学评价时难度较大,如何科学合理地对不同的项目进行评价,是当前体育教育急需解决的难题。因此,我们应仔细分析各个项目的特点,对学生的身体素质状况进行调查,根据学生的实际情况精心制订考试标准以及考试办法,采用多元化的评价方式最大程度来调动学生参与体育的积极性,逐步培养他们体育的兴趣和能力,真正意义上培养学生的终身体育意识。

二、学生对休闲体育的评价

针对以往研究的不足,本研究以大学生为主体,调查大学生对高职院校休闲体育服务评价的现状,并对高职院校大学生休闲体育服务评价的影响因素进行分析。本研究分析了高职院校大学生休闲体育服务评价的现状及性别、年级、专业、家庭教育、经济状况、体育价值观认知、自我意愿等主客观两方面的因素对高职院校休闲体育服务评价的影响,以及大学生对高职院校休闲体育服务的需求。

大学生体育休闲服务总体评价现处于中等偏上水平,有提升空间。体育设施人均占有量较少;课外体育活动在活动开展频率、时间和奖励方式应适当调整;运动会或体育竞赛需在奖励方式上有所改进;校园体育文化氛围评价波动程度较大,在举办健身类讲座的频率和质量方面有很大的提升空间。

客观因素对大学生体育休闲服务评价均有不同程度的影响。性别差异导致男生的评价低于女生;低年级同学中对校园体育文化质量的评价差异较为明显;随着经济能力的提高男女生对校园体育文化质量的评价差异在缩小;家庭教育对学生的体育评价呈现正向影响;不同专业的学生在校园文化体育质量因子评价上差异较大。

主观因素对大学生体育休闲服务评价亦有不同程度的影响。随着体育价值意识的提高,学生体育活动参与度也提高,对体育活动的评价水平也相应提高;参与体育锻炼的频率越高的学生群体对学校举办体育活动的评价越低;学生个人习惯对校园体育文化质量的评价呈正向影响。

学生对运动场地和健身器材的需求较大,更倾向于希望建设室内的运动场地,并希望不定期地举办高质量的体育表演活动。休闲体育是在人们闲暇时间,自愿选择并从事的各种形式的体育活动。因此,利用学生的闲暇时间开展丰富多彩的休闲体育活动,能够充分调动学生锻炼身体的主动性和积极性,培养学生对体育的兴趣,发展完善学生的个性,养成体育锻炼的习惯,主动参与到体育活动中去。课程改革是完善素质教育体系的核心环节。体育课程改革是为了适应社会发展和素质教育的需要。休闲体育与现代体育课程密切相关,休闲体育与树立全新的课程理念以及与现代体育课程内容的相互整合,将是体育课程发展的趋势。

随着新时代经济的发迅速展,人们对于休闲生活质量的要求日渐增长,参与体育锻炼成为人们休闲生活里的重要部分。受到社会大环境的影响,当代大学生对待体育的态度愈加理性,对于体育方面的需求也越来越趋于多元化,追求个性化。而大学生在校期间接触到的更多的是学校提供的体育服务。了解高职院校休闲体育服务状况,针对大学生的需求改善服务质量,对于高职院校大学生体质健康促进工作有着重要的实践意义。以往的研究多从客观的角度评价学校的体育软硬件设施及学校体育开展状况,缺乏对学生主观认知与需求的考量。

第四章
新时代高职学生终身休闲体育

新时代发展的今天,我们在进入物质财富高速积累时代的同时,也步入"准备为取得高级的享受而放弃低级的享受"的新的历史时期;现代文明的内涵越来越意味着,人类需要和渴求有意义的幸福生活。在休闲法制化、大众化的现代科技信息时代,休闲已经成为人类生活的重要组成部分,它绝不仅仅是生活的残余,更将越来越成为决定人生幸福的核心因素。本章主要研究终身休闲体育与高职学生参与休闲体育的必然联系,更好地开展高职院校休闲体育活动,丰富大学生的校园生活,培养他们形成良好的休闲方式与终身体育锻炼意识和习惯。

第一节　新时代高职学生的生活方式

生活方式是一个内容相当广泛的概念,它包括人们的衣、食、住、行、劳动、工作、休闲娱乐、社会交往、待人接物等物质生活,价值观、道德观、审美观等精神生活,以及与这些方式有关的生活模式,可以理解为在一定的历史时期与社会条件下,各个民族、阶级和社会群体的生活模式。总而言之,生活方式是一个社会的价值目标、评价标准及生活资源的配置方式的体现。

一、生活方式

生活方式是社会整体结构及其运行状况具体而生动的反映形式,是一个内容丰富、层次复杂、形式多样、内在联系密切的领域。生活方式可以理解为不同阶层人群在其生活圈、文化圈内所表现出来的行为方式。生活方式是生活主体同一定的社会条件相互作用而形成的活动形式和行为特征的复杂有机体,生活活动条件、生活活动主体和生活活动形式是其基本构成要素。生活方式是人社会化的一项重要内容,决定了个体社会化的性质、水平和方向。生活方式属于历史的范畴,随着社会的发展而变化。马克思说:"生产方式即保证自己生活的方式。""人们生产他们所必需的生活资料,同时也就间接地生产着他们的物质生活本身。"生产方式是人类社会赖以建立的基础和发展过程的起点,没有物质资料的生产,就谈不上人们的生活活动。反过来说,假如没有人类满足自身生存、享受和发展需要的生活活动即一定的生活方式,也就没有人类自身的生产和再生产,整个社会的发展也就没有可能性而言。生产方式是人类满足需要的方式,它影响着人的生活方式。不管是生产方式还是生活方式,严格来说,皆是人类文化的构成要素,是人类文化的一种表现形式。对人的生活方式的本质属性而言,任何生活方式都可以是人类文化的产物。

生活方式不是一个抽象的概念,人的多种多样的具体活动组成了一定的生活方式,这些活动总是借助于一定的形式和方法进行。对于某个层面而言,与其说生活方式的差异是活动内容上的差异,还不如说是活动方式上的差异造成的,或者说是选择和运用活动方式的过程中形成。不同的社会、不同的历史时期、不同的阶层及不同职业的人,其生活方式皆不尽相同。对个体而言,生活方式的产生和发展都会受到当时社会的文化与文明发展水平的影响,受到时代与社会所造就的生产方式的影响,因为生活方式是人的时代文化下的产物,所以生活方式的建构会触及人的生活的各个角落。人的生活方式的构建会受到其思想意识、价值观念、道德规范、行为特征、社会地位及收入水平的影响,这使每个人的生活方式都会出现多多少少的差异。换言之,一定时代的文化与文明会制约个人生活方式的整体或结构模式,而个人则是结构具体内容的决定者。

(一)健康的生活方式

生活方式与人们的健康息息相关,生活方式的变化包括生活内容、生活领域和生活节奏的改变,这些变化都会引起个人乃至社会的健康问题。生活方式的改变可能会给健康带来积极或消极的影响。曾经有一则报道,某发达国家由于财政情况决定停止研制某种飞机,致使数以万计的工程技术人员和工人失业,给许多家庭造成了经济及情绪上的紧张。美国流行病学的医学调查表明:生活方式是影响人们健康的首要原因。美国 20 世纪 70 年代人口的死因构成中,卫生制度方面的原因占 10%,生理因素和环境因素均占 20%,而来自生活方式的原因则高达 50%。可见,拥有健康的生活方式无比重要,而健康的生活方式往往体现在良好的行为习惯,合理的生活时间、和谐的生活节奏,合适的生活空间及理性的生活消费,而这一切要素往往与休闲体育活动紧密相连。

(二)行为习惯

行为习惯是生活方式的重要组成部分,也是生活方式的外部体现。良好的行为习惯有助于人们的身体健康,积极调动人们对体育的参与兴趣;不良的行为习惯会降低人们的健康水平,抑制人们对体育的参与兴趣。据调查,美国每年约有200万人死于不健康的生活方式,主要原因为酗酒、吸烟、吸毒、生活无规律、营养失控、体育运动不足等,其中不良的饮食习惯和极度缺乏体育运动已成为美国人死因的第二位,特别是那些超重或肥胖的人,在极度缺乏体育活动下会比一般人的健康水平或死亡率高。人们对体育的偏爱、人们的体育习惯和体育行为是生活方式的重要构成因素。随着全民健身计划的深入及人们闲暇时间的增多,越来越多的人参与到休闲体育活动中来,这有利于形成良好的行为习惯。

(三)快节奏的生活方式

随着人类对自然界广度和深度的开发,人类社会外部环境日益"人性化",社会自身结构更加复杂多样,社会运动的时间节奏越发表现出由慢到快的演变趋势。生活节奏加快的积极意义在于其提高了生命的效率,使尽可能多的社会成员通过高速的协调配合,为社会创造出更多的物质财富和精神财富。然而,生活节奏的加快,确实对不适者造成了很多健康方面的问题,快节奏的生活使人们的心理更加浮躁,感情更加冷漠。现代生产方式中高技术的运用常常忽略了人们情感的平衡;单调、机械的工业生产往往让人情绪不佳,感到乏味、空虚;现代生活方式使家庭逐渐缩小,导致亲属间情感疏远,引起很多情感冲突。体育运动和娱乐活动是一种极富感情色彩的活动,是人们在调整、顺应新生活节奏时的重要辅助手段,能够帮助人们克服对快节奏生活的抵触、怨烦及焦虑等,能够稳定心理情绪,缓解外界带来的紧张和压力,增强人们在快节奏生活中的自信心。不仅如此,在活动中,人与人之间的交流和互动加强,身心均得到放松和愉悦。

二、休闲活动方式

生活方式的变化与确立,与人们的生活需求和人们的思想观念息息相关。构成生活方式的基本要素包括活动条件、活动主体和活动形式,活动条件又包括很多因素,从个人条件看,包括个人的劳动条件、收入水平社会关系及闲暇时间的占有量和利用状况等,其中闲暇活动是重要因素。我国休闲专家马惠端表示:"休闲是指已完成社会必要劳动之外的时间,它以缩短劳动工时为前提,劳动工时的缩短会使劳动时间更紧凑,劳动条件更好,休闲活动更丰富,对劳动产生更有益的影响。"依据"生活方式是指人们为生存、发展和享受所进行的一切活动"这一定义,我们可以得出:生活方式的一个重要组成部分是休闲活动,其是个人生活所具有的,更倾向于个人选择的生活内容,是个人的道德修养、素质水平、情感倾向、价值观念及生活态度的外在彰显。国外相关研究已证实:休闲活动是现代人生活方式的重要组成部分,当社会发展到一定程度时,休闲活动就会成为人们日常生活中不可或缺的一部分。假设每个人的生活方式中总是存在着某些确定的内容,则最能彰显个人特色或最能反映活动者个人品质的活动常常就是休闲活动,这是因为休闲活动是人的"自由的自觉的活动"。

自人类社会日渐形成各种社会规则、阶级等制约关系后,人的行为及活动方式均受到了影响与制约。现代社会学研究称:"个人是自然因素和社会因素的有机结合体,社会身份是个人的社会存在形式。"个人身处社会关系的性质及个人与他人发生关系的具体情况主导了个人的社会存在形式。人们总是带着某种社会角色的标签生活在社会中,必须遵从这样或那样身份的行为规范来待人接物,也总是接受着种种压力和制约。因此在大部分社会环境中,在外部社会环境的压力下,个人的社会活动在遵循社会要求和准则的同时也得以实现。在自由的、没有外在强制和压力的前提下,人们可以真正地、比较全面地展现自我,展现个人的兴趣和爱好,同时采用某种活动来满足自身的需要。处在现代社会的大环境中,就社会个体来讲,在自己可以自由支配时间的基础之上,才能较为自由地、避免社会压力地参与个人偏爱的活动。对自由处事的渴望,几乎是每个社会人的根本需求,而休闲活动的本质正是满足这种需求的根本形式。拥有自由时间和怎样度过自由时间差不多同样重要,所以,我们不能说有了自由支配的时间就可以实现需求的满足。自由支配的时间受到社会发展水平及个人社会生活状态的影响,而怎样度过自由时间受到社会存在和个人选择的影响,其实,怎样度过自由时间的表现形式就是休闲的方式。

休闲活动总是以某种方式来进行,由于人们本身的爱好和兴趣,以及能力的差别,即使是休闲活动,通常也表现出个体的特征。所以,休闲的活动方式是多种多样的。因此,如果要对休闲的活动方式进行定义的话,那么它只能被定义为:"在尽到职业、家庭与社会职责之后,让自由意志得以尽情发挥的事情,它可以是休息,可以是自娱,可以是非功利性的增长知识、提高技能,也可以是对社团活动的主动参与。"可以看出,休闲的活动方式可以是做任何事情,是在自由意志下随心所欲的自由活动,"这种自由活动不像劳动那样是在必须实现的外在目的的压力下决定的",而是以活动者的爱好和兴趣为内驱力的。

三、新时代高职学生的生活习惯

就新时代高职学生的学校生活来说,除了上课时间以外,学生的空闲时间是相当多的,要合理运用这些空闲时间,必须先正确认识具有高职学生特征的特殊时间。

（一）正确认识时间

高职学生处于人生发展的关键时期,他们思维活跃,积极热情。在校期间,学生的时间可分成学习时间、工作时间、休闲时间、家庭时间、个人时间、思考时间等。

1.学习时间

学习是大学生成才的最基本的准备,具备专业知识的大学生是未来祖国建设的栋梁。学习充实了大学生的生活,活到老、学到老的终身学习的观念已经来临,每个人每天都在获取新知识或者熟悉新事物。

2.工作时间

工作时间包括学生所有参与社会工作的时间,如学生在班级里担任班干部,在学生组织中担任职务,在校外挂职锻炼等,这些所花费的时间都属于学生参加社会工作的时间。

3.休闲时间

休闲时间包括休息、睡眠及体育活动的时间。人生就像马拉松比赛一样,千万别一开始就猛冲,浪费甚至透支了体力。要懂得放松,要养成一种良好的睡眠、休闲以及运动的良好习惯,才能把自己的身体调整到最佳状态。

4.家庭时间

家庭是休息最佳的场所,血浓于水的亲情是人生最应该珍视的东西。你要跟家人真心地相处,不要到了需要的时候才回家,才懂得去珍惜亲情。

5.个人时间

有人把个人时间理解成自己跟自己约会的时间,这不无道理。个人时间是用来修身养性、充实自我的,是完全属于个人独自享受的时间。每个人不论是求学还是工作,甚至在家中,都有一种不允许被侵犯的个人时间,利用这些时间人们可以充实自己。

6.思考时间

思考时间就是思考未来的时间。思考时间可着重用在计划自己未来的发展上,也可用在反省以前自己所做的事情是否正确、是不是值得等方面。思考如何再改进,如何再调整,如何让自己变得更好,而不必特别为了什么目的思考,可以天马行空地去想象。

7.自由时间

这个时间是指个人可以随意支配和使用的时间,也指(生产性)工作和生活(生理的)必需时间以外的空闲时间。人的任何活动都是在时间中进行的,因此,自由时间成为休闲活动十分重要的前提条件之一。马克思说:"自由时间就是可以自由支配的时间……这种时间不被直接生产劳动所吸收,而是用于娱乐和休息,从而为自由活动和发展开辟广阔天地。""但是自由时间,可以支配的时间,一部分用于消费产品,一部分用于从事自由活动,而这种自由活动不像劳动那样是在必须实现的外在目的的压力下决定的,而这种外在目的的实现是自然的必然性,或者说社会义务……怎么说都行。"从马克思的论述中我们可以得出以下认识。

第一,自由时间是一种活动者自己可以自由支配的时间。

第二,在自由时间中所从事的活动不是来自任何外在压力、目的和义务,而是出自自我目的的活动。

第三,自由时间所从事的活动不是生产劳动而主要是娱乐和休息。当然,自由时间并不完全等同于休闲时间,因为自由时间这一概念主要体现了活动主体对于这段时间所具有的社会权利,并不能完全表达时间耗费的目的和使用方式,所以,我们在后面将使用一个专门性的时间概念——休闲时间。这个时间概念完全表明了时间的性质及其使用取向。

在以上时间管理的过程中,我们常常会出现"忙、盲、茫"三个典型误区。"忙"是对大学生活的一切都十分感兴趣,不加区别地投入各种活动,乱忙一气;"盲"是在投入活动时,成效不好,瞎忙一气;"茫"是对大学生活缺乏规划,毫无目标,虚度大学光阴,无论哪种状态都是不利的。所以,我们在安排时间上一定不要瞎忙,也不要乱忙,更不能茫茫然。如何更好地管理分配时间?首先,要做到马上行动,决定了一件事情必须马上去做。其次,要调整好心态,暂时把其他的事情抛开,专心致志往往能成为成功的关键。最后,要调整好自己的心态,改变心境,以最大的热情把全部精力投入这项活动。

（二）认识终身体育

当前,随着科学技术的进步、生产力的发展,现代社会为人们的生活带来了许多方便,丰富了人们的物质生活和精神生活,同时也带来了一些新的问题。如电子计算机的广泛应用,机械化、自动化取代了繁重的体力劳动,以及交通电信的现代化,缩短了人们之间空间距离;家务劳动的社会化和家用设备的电器化,大大减少了人们身体活动的机会和日常生活中的体力活动;食物构成的改善,人们从食物中摄取的营养越来越多,而身体活动却越来越少;城市人口高度集中,人们居住在高楼大厦中,与自然的距离越来越远,加上城市工业化带来的环境污染和生态平衡遭到的破坏;等等。这一切都严重地危害了人体健康,造成了运动缺乏症、营养过剩、肌肉萎缩、适应能力降低、机体退化等"现代都市病"和"现代文明病"。另外,当今世界已经进入了以科学技术发展为标志的新时代,在此之际,国家需要大批人才,而国家培养一个人才不容易,从小学到中学,直至大学,前后需要二十年左右的时间,培养一名大学生到博士生的教育投资要达几万元,甚至几十万元。培养人才是为了使用,有用的人才绝不是单纯知识的堆积体,而应该是强健体魄和丰富知识的结合体。体育运动能有效地促进人的身体健康,能延长人才为国家建设做贡献的时间,起到保护人才的作用。

1. 自觉、自主、灵活、多样

人们在学校体育教育外,绝大部分时间是在没有教师的情况下,根据自己各方面的条件自觉、自主进行体育锻炼的。因此,终身体育在体育的内容、方法和组织等方面具有自觉、自主、灵活、多样的特点。

2.科学性、持续性、愉悦性

终身体育强调人们一生中科学地进行体育锻炼,并持之以恒,达到身心健康、愉快。

3.增强体质,提高素质,丰富生活

现代终身体育的根本目的,就是在人的一生中通过参加适合自己不同时期的体育活动,锻炼身体,增强体质,提高素质,丰富精神文化生活,加强人际交往,提高生活质量。

因此,越来越多的人强烈地认识到,预防和治疗"现代都市病"和"现代文明病"最好的办法就是终身体育锻炼。体育锻炼不仅能够调节和愉悦精神生活,促进人与人之间的沟通和交流,而且能够强身健体,使人们保持生命力,提高有机体的工作和适应能力,以及抵抗疾病的能力。体育健身还能够消耗人体内过剩的营养,维持营养的供需平衡,使人们保持健康的体魄、健美的身材,并使人们的生活内容更加丰富多彩。实践充分证明"生命在于运动",无论国界、年龄、行业,人们只要终身参与体育锻炼,就会使自己的身体更加健康,精神更加充沛,也会使自己的一生更加快乐和幸福。

四、健康的休闲基础

休闲体育是人的一种需要。它在现代人类生活中起着至关重要、无可替代的作用。它能调节并改善现代文明发展给人类带来的饮食、营养、工作、休息、娱乐、交往、社会化、身心发展等等几乎所有人类生活方面存在的不合理部分,为形成人类的健康生活乃至培养具有适应不断变化的自然环境和社会环境的人类自身做出贡献。它在调整人类行为,满足人类生存、享受和发展需要方面做出了其他生活方式所不能替代的贡献。所以,休闲体育不仅是一种健康的生活方式,同时也是一种文明的生活方式。

"文明是人类区别于动物的重要特征,人类进步和开化状态的标志,人类改造客观世界和主观世界之物质成果和精神成果的总和,包括物质文明和精神文明两个方面。"文明是与蒙昧和野蛮相对而言的。恩格斯在《家庭、私有制和国家的起源》一书中,根据美国人类学家摩尔根《古代社会》的历史分期法,把人类的进化和发展划分为蒙昧时代、野蛮时代和文明时代三个阶段。恩格斯指出,人类"文明时代是学会对天然产物进一步加工的时期,是真正的工业和艺术产生的时期"。马克思认为:"文明是一个过程,一定的文明程度反映着人类历史进步程度。"美国人类学家泰勒指出:"从最为广泛的民族志的意义上看,文化或文明是一个综合性体系。

它包括知识、信仰、艺术、道德,法、习俗以及作为社会成员的人所学到的其他能力和习惯。"从上述的各种定义中我们可以看出,文明在某种意义上就是指文化,它包括物质与精神两个方面。体育是一种物质文化,也是一种精神文化,人的肉体与精神是不可分割的,体育运动不仅作用于生物的人,而且也同时作用于精神的人和社会的人。体育运动的功能不仅作用于人有形的物质形态,对人的内心世界和社会行为也有相当影响。体育与劳动一样,是一种生产过程。但它与劳动又有明显的不同之处。劳动改造的是人类外在的客体和对象,而体育却是作用于人自身。因此,从这个意义上说,休闲体育是在人类满足生存需要之后的一种更高级的享受和发展需要。

五、休闲终身的体育

终身体育是让人在生命的不同阶段都坚持参加体育活动,并达到身心健康、愉悦身心的最佳目标。而休闲体育作为一种健康、科学、文明的生活方式,它正以独特的休闲性、自主性、自由性及积极的亲身体验性吸引着现代人,释放着当代社会快节奏给现代人带来的种种压力和负担。休闲体育是终身体育的具体内容,而坚持终身体育思想,并坚持终身参与体育锻炼正是休闲体育的最终目的,也是人类改造自我、发展自我的最佳手段与方法。运动是健康身体的自然需要,健康体现着人们对自身前途和命运的基本关怀,休闲运动是体现这种基本关怀的最佳手段。在农业化、工业化时代,由于劳动要求身体运动,劳动的部分过程同时也就成为锻炼身体的过程,它虽然不能代替体育活动,却有体育功效。故而休闲运动被部分劳动代替。今天,我们正在进入知识经济时代,脑力劳动已不可避免地走向主导地位,人类比任何时候都需要体育。由此应运而生的休闲体育无疑将对人们产生积极而又健康的促进效应,即健身健美、愉悦情感的近期效益和终身体育的远期效益发挥重要作用。毛泽东曾经说过:"欲图体育之有效,非动其主观,促其对体育之自觉不可。"可以说,一些人体育行为的中断或继续,很大程度上取决于体育兴趣。兴趣高者,终身体育意识强,易于坚持锻炼,反之则不然。休闲时代的到来,休闲体育的兴起,很大程度上可以为更多的人树立和坚持终身体育意识与行为起到积极的作用。

(一)学生终身受益的体育

终身体育是未来我国学校体育中的一个永久性话题,对终身体育操作得合理与否,直接关系到学生以后的健身行为。如果要充分发挥学校体育的育人效应,扎扎实实地进行终身体育教育将是事半功倍的有效途径。终身体育产生于20世纪60年代的国际终身教育思潮,发展于70年代中期。1976年联合国教科文组织召开的关于青少年体育运动会议进行了关于青少年教育中的体育运动作用专题讨论会议指出:"终身体育对学龄前儿童、青少年、劳动者、家庭妇女、高龄人和残疾人等没有机会参加体育活动的人提供机会。"由此,可以界定:"终身体育是指一个人终身都受到体育教育和从事体育锻炼,使身体健康、身心愉悦、终身受益。"体育作为以身体运动为手段来提高人类健康水平的积极行为,当然不会是一种凝固而停滞不前的社会实践。体育要满足学生的娱乐、享受需求,就要以其趣味性、创新性来提高吸引力。时代要求封闭体育向开放体育过渡,现代社会已经处于由强制性体育迈进自娱性体育的过渡时期。信息社会导致人类个性的差异化,必然导致体育活动越来越丰富并以其自身的魅力来吸引人。风行校园的休闲运动正是在这一思想引导下,遵循《全民健身计划纲要》中提出的"学会两种以上体育健身方法"的原则,成为培养学生终身体育能力和意识的重要环节,成为全民健身战略目标的依托。

(二)休闲体育是健康的基础

兴趣发生于运动的过程中,快乐发生于运动所得到的结果。心中无限快乐且有快乐的结果,何愁不终身去从事它?可以说,休闲运动是奠定终身体育的坚实基础。学生在紧张的学习之余,更迫切地需要较高层次的精神文化生活。他们在获得知识的同时也在努力追求闲暇生活的丰富多彩,尤其对既能使身心健康发展、直接健美形体,又能陶冶情操、使人获得精神和物质满足的体育娱乐活动有较大的兴趣和参与热情。提高体育素质,使体育成为他们学习生活中不可缺少的一部分,从而促使他们自觉、积极、主动地参加体育锻炼,为步入社会后坚持自我锻炼奠定良好基础。休闲体育作为"人类着力建造的美丽的精神家园",是一种文明、健康、科学的生活方式,无疑会对人们形成健康生活方式起到积极的作用。尤其为象牙塔内的学生们"美丽的精神家园"的建造提供了一条"通道"。休闲运动来自人们的健身、娱乐需求,满足着他们身心健康、愉悦的需要。如果将健康比作生命的金字塔,那么运动、营养、休息将是焰增生辉的塔顶,而终身体育则是塔顶上光芒四射的明珠。

第二节 新时代高职学生需要休闲

休闲教育是人的素质和现代教育的重要组成部分,是现代国家管理和服务于公众的途径之一,也是"育化人"(精神文明建设)的重要手段。那些学会了既能享受工作,又不浪费时间的人,才会感到他们的生活是一个整体,才会感到生命的价值。"未来"不仅属于受过教育的人,更属于那些学习怎样聪明地利用闲暇时间的人,因此说,休闲是一门科学、一种艺术,也是一种文化教养。

一、有闲的学生时代

高职院校开展休闲体育活动是国家和社会对大学生全面发展的基本要求。积极开展高职院校课外体育锻炼活动是教育部所倡导和规定的,教体艺〔2005〕4 号文件《教育部关于进一步加强高等学校体育工作的意见》第四条明确规定,各高等院校要广泛开展学生课外体育活动。高职院校要把开展丰富多彩、形式多样的学生课外体育活动作为学校日常教育工作的有机组成部分。要通过科学安排作息制度,保证学生每天有一定时间用于课外体育锻炼。对学生的课外体育活动要有制度、有组织、有要求、有记录。一名学生每周要参加 2—3 次课外体育活动。学校体育部、学生处等有关职能部门要紧密配合,充分发挥党、团组织以及学生会和其他学生社团组织的作用,积极组织学生开展课外体育活动。要把学生课外体育活动作为校园文化建设的重要组成部分,大力营造良好的校园体育文化氛围,使校园充满朝气和活力。要大力宣扬"每天锻炼一小时,健康工作 50 年,幸福生活一辈子"这一具有时代特征的口号,以此不断增强广大青少年学生的体育意识,激励他们积极参加体育锻炼。

二、高职学生有进行休闲体育运动的需求

新时代高职学生在精神和情感方面需要更多的支持和充实。当学生学习和生活相对比较安逸的时候,学生的精神和情感的需求就会变得清晰起来。通过休闲活动减轻压力、缓解疲劳,避免疾病和早衰,确保身心健康;通过社交,和同学或者有共同爱好的人分享情谊和乐趣;通过学习和体验,获得不同领域的知识和技能,提高个人修养和生活质量;需要一些途径获得在日常生活中难以获得的认同、成功、喝彩,需要有机会肆意宣泄被压抑的情感。这时,体育作为一项休闲娱乐活动所具备的特性和效用,和上述需要可以说是不谋而合,便很自然地成为学生当然的选择。

近年来,人们对生活方式问题也进行了有益的探讨。近期的有关资料显示,在死亡原因中有 60% 是不良生活方式。所谓生活方式就是一定时期生活资料的内容和人们对它的利用形式及其生活关系的统一。生活资料包括物质生活资料、精神文化生活资料、消费性生活资料、享受性生活资料和发展性生活资料,从社会历史的发展来看,不同的社会形态有不同的生活方式。例如电的发明和利用、汽车进入家庭等,很大程度上改变了人们的生活方式。一方面,社会产品日益丰富,人们在不断提高物质生活的同时,迫切要求提高精神文化生活的质量;另一方面,现代生活大大提高了劳动生产力,人们闲暇时间增多,人们的生活方式逐渐由传统生活方式向现代生活方式转型,在这一过程中,体育作为能够丰富人们精神文化生活、

愉悦心身、促进人的全面发展、充实人生和提高人的生活质量、增强身体机能和适应环境、抵抗疾病的重要手段,很自然地成为现代生活方式中不可缺少的重要内容。

三、休闲体育融入学生的生活

现代化媒体的发展,大大缩短了人与人、国与国之间的距离,电视电台和书报杂志也增加了体育信息的比重,尤其是一些重大体育比赛以迅猛的态势传播,推动体育和健康朝着大众化、普及化的方向发展。随着社会的深入发展,学生对体育的功能和作用有了更进一步的认识,对体育的兴趣和热情日渐增加,体育所触及的范围越发宽广,与现代学生的日常生活紧密相连,大部分社会成员通过各种运动形式不同程度地参与到体育领域中,休闲体育活动的发展逐渐成为学生日常生活不可或缺的一部分。

（一）体育人口比例上升

20世纪六七十年代以来,很多国家尤其是经济发达的国家,体育运动均发生了深刻的变化,竞技体育发展态势之迅猛,群众性的健身锻炼蔚然成风,越来越多的人经常性地参与休闲体育活动。体育参与者的激增,有助于改善健康状况,提高人体素质;同时也促进了体育运动场地设施的兴建,刺激了体育经费的投入和消费水平的升高,保证了体育健康良性发展。

（二）观看体育比赛的热情高涨

体育融入现代人类社会生活,一方面是学生参与休闲体育活动、增进自身健康的彰显,另一方面是对重大体育赛事的关心,这种关心在一定程度上已经超出了对体育本身的理解。近年来,竞技运动在我国已成为学生关注的焦点,尤其是对国际重大赛事表现出了狂热的喜爱。例如,电视实况转播奥运会开幕式,全球收视超过20亿人次;2002年世界杯足球赛现场会集来自世界各地的观看者,借助电视实况转播收看者达上千亿人次。这意味着体育在人类社会生活中扮演着举足轻重的角色,体育运动符合社会多数成员的兴趣,具有较高的喜爱度和关注度。

过去,我国经济发展水平相对落后,体育管理体制、方式和观念等方面存在着一些问题,一定程度上阻碍了体育普及的脚步。然而,国家和政府向来对全民体质和健康的提高就十分重视,倡导开展健康性休闲体育活动。1995年,国务院发布了《全民健身计划纲要》,目的就是更广泛地开展群众性休闲体育活动。随着我国经济的发展和人民生活水平的不断提高,学生对体育重要性的认识将更为深入,参与体育的人数会越来越多,因为体育已经成为我们的一种生活方式。

四、健康的生活需要休闲

(一)休闲时间需要体育锻炼

在古代社会,由于生产力比较低,几乎所有的工作都需要人们通过体力劳动完成。因此人们的闲暇时间主要是休息而不是进行身体锻炼。随着生产力的发展,人们从繁重的体力劳动当中解放出来,身体的活动量变得更小。因此,为了身体健康,人们开始有意识地参加体育休闲活动,进行身体锻炼。

(二)消除"文明病"需要体育休闲

所谓"文明病",就是人类文明发展到一定程度出现的副产品,一般指现代社会工作中的久坐、长时间使用电脑带来的身体疾病以及越来越精细的饮食带来的身体疾病。与传统疾病相比,"文明病"的发生具有特殊而复杂的原因,而有些"文明病"的康复并不是通过治疗而是要改变环境或者改变自身的生活方式。例如,久坐会引起身体的不适,要想改善这种状况,要么是换一个不需要久坐的工作,要么是在工作期间定时站起来进行一定的活动。另外,医学和体育是不一样的。二者的差别主要在于,体育主要是事前预防,医学是事后处理。也就是说,我们可以通过体育锻炼来预防某些疾病,但只有在生病之后,才能去医院接受治疗。虽然现代医学提出了预防医学的概念,但也并不能从根本上改变这种情况。因此,多参加体育锻炼,确实是一种预防文明病以及其他传统疾病的好方式。

(三)休闲体育对个人健康的增进

随着人们物质生活水平的不断改善和提高,一些"富贵病"也随之而来,如高血压、高血脂、高血糖等,这对人类的健康造成了极大的危害。这种文明病仅仅依靠医疗手段并不能完全解决,需要体育运动。在空余时间参与体育休闲活动,能有效增强体质、愉悦身心、养成良好的生活习惯和生活方式,有效应对"文明病",提高个人的健康水平。

(四)休闲体育对社会健康的增进

社会群体是以个体为单位组成的,因此,个体健康与社会健康有着密不可分的联系。换句话说,没有每一个个体的健康,就没有整个群体的健康。社会需要健康,体育可以满足人们对健康的需要,而社会的发展又为体育提供了促进个体健康的新目标。体育是促进人体健康发展的主要手段。知识经济的来临,使得人们对体育的功能以及功能与目标之间的关系进行重新审视,人们期望将体育纳入健康发展的轨道,使体育与人类文明共同发展和进步。

第三节 休闲体育对高职学生的终身体育观的影响

2005 年全国学生体质与健康调研结果表明：学生形态发育水平继续提高，营养状况继续改善，低血红蛋白等常见病检出率继续下降，握力水平有所提高；但同时也存在一些不可忽视的问题，如肺活量水平继续呈下降趋势，速度、爆发力、力量耐力素质水平进一步下降，肥胖检出率继续上升，视力不良检出率仍然居高不下。报考高等院校的考生中，体格完全合格的仅占 21%，约 79% 的考生因身体不合格或健康不佳而受到专业限制。造成这种情况的原因是学生整天在题海和雪片般的试卷里，得不到休息，特别是面临高考的高三学生，他们每天的睡眠只有五至六小时，有的更少，课间操的点滴时间、节假日、寒暑假都在做题、背书，根本没有时间去锻炼身体，"豆芽"型、"麻竿"型或者"肥胖"型的学生有增无减，不少学生"手无缚鸡之力"，缺少青少年应有的朝气。另据有关资料，现在我国的知识分子平均寿命为58 岁，低于平均寿命 10 岁。由此看来，许多人终身体育的意识淡薄，在很大程度上反映了我国学校体育教育中，缺乏对学生终身体育思想和意识的教育和培养。毛泽东同志指出："体不坚实则兵而畏之，何有于命中，何有于致远。"历史经验告诉我们，终身体育对于人的一生是极其重要的，它可以增强体质，减少疾病，有利于提高工作效率，有利于早出和快出成果。因此，贯彻终身体育思想和理念，培养学生终身体育的意识和习惯，是体育教育工作者义不容辞的责任。

一、休闲体育能增进学生的体质健康

科学技术革命和现代科技的发展给人们带来许多便利的同时，也改变了人们的生活节奏，计算机、电梯、电话、传真的诞生使人不出房间就可以完成人与人之间的沟通。资料显示，20 世纪 90 年代人的运动量仅是 60 年代的 1/3，体力劳动与脑力劳动的比例由机械化初期的 9∶1 发展到全自动化时代的 1∶9。高职学生的体质测试成绩每年都在下降，由于运动减少，脂肪沉积，动脉硬化，特殊群体的学生急剧增多。高职学生作为脑力劳动者，在学习中承担着高强度的学习活动和脑力劳动，他们必然需要辅之以科学有效的恢复和调整措施，而休闲体育具有强身健体的功能，通过身体练习和各种运动负荷项目的活动，能够加速身体疲劳的消除和恢复，实施"积极性休息"。提高和改善大学生的中枢神经系统的工作能力，使人头脑清醒、思维敏捷，也可以促进体内脏器官机能的提高，给高职学生以最本真的关怀。

二、休闲体育能促进高职学生的心理健康

现代社会转型时期,高效率、快节奏、强竞争,导致人们心理压力过大,心理紧张感和压抑感成为最有代表性的心理压力表现。专家分析表明,心理压力的产生有主客观两方面的原因。从客观看,竞争的激烈、失业的威胁、家庭的不稳定等都形成对心理的压力。从主观上看,人的价值观、道德观发生了巨大变化,发财欲望不断膨胀。对生活的期望值愈来愈高,攀比心理日趋严重。其实,真正的症结就在于人的文化精神的失落。现代人在对物质财富占有过程中,异化掉的是自己的灵魂。随着我国经济体制改革的不断深入以及现代社会科技的高度发展,"拜金主义""享乐主义"等不良的思想观念也日益影响着当代大学生,人与人之间的交往存在许多障碍和隔阂,易产生交往壁垒、情感壁垒等,导致交流减少,感情淡化,沟通贫乏,进而产生心理健康疾病,人际关系出现危机,等等。而休闲体育具有使人轻松、愉悦、自由、互动等特性。科学研究证明,经常参加体育活动能调节人的情绪、振奋人的精神。从心理角度解释,当体内能量积累到一定程度时,会引起紧张不平衡状态,而休闲体育能够宣泄、疏导紧张情绪,使人感到舒畅和快乐,排解抑郁、焦虑等消极情绪。休闲提供的不是一条愤世嫉俗的现代意义上的逃避之路,而是一条回归之路,即返回到健康、本能、平和、崇高的状态,在这种状态中,每个人将会因为他的真诚,变得更好和幸福。

三、休闲体育能促进高职学生的情感交流

高技术时代呼唤着高情感。在新时代,电子化、信息化的交流是一种简约的、间接的、不那么有人情味的交流方式,在精神、情感上虚拟沟通多于真实,因而,交流中感情的浓度便不可避免地被稀释了,同时又拉大了人与人之间的情感距离。人们寻求着各种交往方式,力图解决现代社会交往中所出现的负面效应。而人类的情感交流大多来自交往。信任、谅解、支持、互补共振、协作等,都是在社会生活实践中每一个人所希望和追求的,而且只能在人与人直接的、面对面的情感交流中获得。

休闲体育以它的娱乐性,易于参与、喜闻乐见的特点,不以高超复杂的技艺、深沉的思索和深厚的文化修养诸条件要求大学生,而是以普通的、自娱自乐的、消遣与游戏的活动方式迎合大学生的体育需求,大学生在这些活动中不仅可以得到较直接的、令人愉悦的交往,而且能增进相互的了解,促进人际关系的和谐发展。

四、休闲体育能提高高职学生的生活质量

休闲体育作为一种健康、科学、文明的休闲方式,是人类改造自我的重要手段,

对促进现代人的身心健康、提供优秀的精神文化动力、增进人与人之间的情感交流起着重要的作用,也是人自由全面发展的一个重要手段。休闲体育是最具人文关怀的休闲方式之一,是一种科学、健康、文明的休闲方式。

五、休闲体育有利于培养高职学生的休闲习惯

良好休闲习惯的养成需要正确的休闲观念作为先导,以健康、科学、文明的休闲内容作为基本内核。没有正确的休闲理念,易使人的休闲时间处于一种"放任自流"的状态,在青少年的追星大军中,一些影迷、歌迷、球迷,为了追逐他们心中所谓的偶像,可以不吃、不喝、不睡,甚至逃课等,这种现象屡见不鲜,其中也不乏许多高职学生参与。因此,没有正确的休闲观念加以引导,没有健康、科学、文明的休闲内容来填充高职学生的闲暇时间,易造成学生违纪现象,甚至违法现象的发生。调查显示,青少年犯罪有90%发生在闲暇无事的状态中。积极地参与到能使人全面发展的休闲体育中去,就减少了学生参与不良休闲活动的机会,有利于学生体会到科学、进步、健康、向上的休闲体验,形成良好的休闲意识与习惯,减少违纪现象的发生。

休闲体育对大学生的身心健康与全面发展有着重要的作用,同时休闲体育能丰富大学生的精神文化生活,端正大学生的休闲观、人生观、价值观与世界观,促进大学生和谐的人际关系发展,更有利于大学生在闲暇时间里培养起良好的休闲行为和习惯,对构建和谐校园有着重要的作用。休闲体育是值得当代大学生推崇的休闲方式。

(一)主观因素

影响高职院校学生选择休闲体育的主观因素,即个人兴趣爱好对高职院校学生休闲体育选择的影响。高职院校学生参与休闲体育的动机具有多样性。高职院校学生对休闲体育的功能和特性有一定的了解,就会对参与休闲体育表现出一定的兴趣。休闲体育是一种科学、文明、健康活动方式,参与者可以根据自己的身体特点兴趣爱好以及实际需求去选择休闲项目,最终获得自己期望或者要达到的结果。休闲体育的多样性给了男女生参与休闲体育的多样性选择。随着社会经济的迅速发展,人们在满足对物质生活追求的同时,已经在悄然地向享受精神生活的崇高境界迈进。在高校终身体育观念的影响下,休闲体育多样性的功能逐渐被人们所发掘,从而成为大众化体育运动项目。正确的体育意识和健康的体育价值取向,既是学生对休闲体育的认知和理解水平的反映,又会对学生参与休闲体育的方式产生重要的影响,客观地讲,体育意识是存在一定的差异的,这主要是个人对休闲体育的认识程度和理解深度有所不同。

（二）客观因素

高职院校的体育环境对学校体育教学和课余训练以及本校的高水平运动队，对高职院校学生参与体育运动有较大的影响，这可能是因为体育运动训练以及高水平的运动成绩能展示出体育的魅力，更能感染学生，从而激发学生体育兴趣。

（三）体育场地设施对高职院校学生休闲体育选择的影响

学校、学校周边社区（开放性）及收费体育机构的运动场地、设施和器材，以及这些场地、器材的型号和规模会对学生产生一定影响。收费机构是收费服务，在场地、设施、器材等投入的费用较多更新较快，以尽可能满足不同人群的需求；学校场地、设施器材规模较大，大多都是长期积累下来的，器材更换周期较长；社区体育设施由于起步较晚，规模较小，现阶段无法满足体育参与者的运动。这导致在传统体育项目的场地设施器材方面，收费体育机构的场地、器材、设施满意度相对较高，其次是学校，社区最低，但在新兴项目的场地、器材、设施方面，体育机构收费最高。

（四）环境因素和闲暇时间对高职学生休闲体育选择的影响

学生选择休闲体育受环境因素影响较大。尤其是室外开展的运动项目，夏季炎热高温时无法开展冰雪项目，而冬季严寒时则很难开展游泳等项目，还有雾霾天气时很多项目的开展受到很大的限制，同时，阴雨天气、大风天气状况下室外体育运动项目也受到很大影响，因此必须根据不同季节或天气状况选择休闲体育项目。不管是在周末还是在工作日，参与休闲体育人数最多的时间段是下午。而在工作日，早晨参与进行休闲体育活动的次之，排在第三位的是晚上。工作日下午和晚上是学生刚刚从一天忙碌的学习中解脱出来的时候，用休闲体育活动的方式来调节情绪、释放压力、锻炼身体，所以参与人数的比例较高。在周末，大多数学生会利用周末晚上会友、看电影、逛街等，时间可能会很晚，直接导致第二天早上出现赖床等现象，故而把参与休闲体育的时间推迟到下午，因此周末下午锻炼人数相对于早上和晚上较多。

（五）受社会因素的影响

休闲体育所具有的社会性决定了休闲体育比任何学校体育活动都更多地依赖社会，受社会因素的影响最大，如受同辈群体的影响，受家长的体育意识和体育态度的影响，受社会宣传媒体的影响，等等。

学校体育运动氛围与组织体育活动的质量和频率对大学生参与休闲体育活动存在一定的影响。调查发现，学校组织体育活动的频率不高，基本上每学期组织一到两次，说明休闲体育并没有得到学校领导的重视，休闲体育活动也得不到系统的、有组织的安排。经常参加学校组织的休闲体育活动的人数少，说明学生休闲体育价值观念并没有完全得到改变，体育锻炼的习惯和态度并没有定型，影响了大学生在校参与休闲体育活动。学校应积极营造浓厚的休闲体育活动氛围,吸引大学生参加体育活动,同时,学校还应加强对休闲体育的教育和宣传,从而使休闲体育在校园生活中无所不在,真正让休闲体育成为大学生的一种生活需要。

第四节　新时代高职学生终身休闲体育

终身体育在于强调学生对体育运动的忠诚爱好,使体育融入生活,使学生在生活中体验运动的乐趣。高职院校学生的培养目标在于适合未来社会发展的需要,有针对性地进行教学内容设置,以适应未来岗位工作的需求。在学校素质教育工作当中,需要考虑到的一个问题是如何对学生进行有效的素质教育。高职院校学生不同于体育专业的学生,他们在体育锻炼方面不以某一项身体素质或体育技能的出众为目的,而是以身心健康的提升为目的,也就是说学生不用跑得很快、跳得很远,也不用获得什么体育运动方面的奖项,但是一定要保持在一个比较平均和健康的水平,不能落后。休闲体育就成为高职素质教育的一项重要内容,一般来讲休闲体育不过分地强调竞争性、对抗性,而是重视人在运动过程当中身心状态的放松,这一方面能够帮助学生释放生活和学习过程当中的压力,另一方面还可以增强学生的身体素质以及意志力等。其实,我们完全可以将休闲体育看作生活的一个组成部分或一个习惯,不仅能够在当前阶段保障和提升学生的身心健康水平,而且在学生参加工作之后,也能够起到这样的效果。

一、终身体育

所谓终身体育是指一个人终身进行体育锻炼和接受体育指导及教育。其内涵包括两个方面的内容,一是指从生命开始至结束的一生中,学习和参与身体锻炼活动,使体育真正成为一生中始终不可缺少的重要内容。二是在终身体育思想的指导下,以体育的体系化、整体化为目标,为人们在不同时期、不同生活领域中提供参加体育的实践进程。

终身体育的实现关键在于如何使家庭体育、学校体育和社会体育实现一体化。终身体育具有一定的阶段性特征,对其影响最大的时期是高职院校体育教育阶段,这段时期对大学生运动兴趣的培养和运动习惯的养成特别重要,令大学生在校期间养成良好的休闲体育兴趣和习惯的养成是实现终身体育的重要手段。高职院校有着雄厚的体育师资、浓厚的文化氛围、优越的场地器材,这决定了高职院校对于终身体育的实现具有至关重要的作用。

并不难看出,终身体育的意义在于人们在发展过程中始终没有放弃体育锻炼,总是接受体育教育。终身体育教育的理念最初出现是在 20 世纪 90 年代,经过二十几年的发展到现阶段已经成为被全社会所接受的观念之一。但在高职体育教学中,终身体育教育的发展仍存在许多影响学生终身体育意识建立的问题。

（一）终身体育在高职体育教学中的意义

在高职体育教学过程中开展和进行终身体育教学,通过明确的目的和概念引导帮助学生们始终参加和坚持体育锻炼,学生需要积极参与到不同发展阶段的体育教育中。终身体育对高职体育教学的要求是运用科学的体育教学方法,提高学生的身体素质,帮助体育教育继续向终身体育发展,培养学生的体育意识,特别是终身体育锻炼意识。高职院校终身体育教育在一定程度上具有体育教与学相结合的特点,始终致力于培养技术和专业人才。而学生们想要在学习过程中提升自身的综合素质和就业竞争力,就需要充分认识到终身体育对自身身体素质的重要性,积极参与体育活动,培养更健康、更美好的生活方式。学校应在此过程中不断优化高职体育教育的效果,培养高素质、高水平的人才。

（二）终身体育在高职院校中的不足

大多数高职院校对校园体育教育投入较少,学校内部能够支持的运动类型也较少,基本上无法实现教学大纲中对体育教学的要求。这将极大地影响学生的体育活动质量,使得学生们无法正确理解和认识到体育教育和终身体育教育的重要性,对于学生终身体育意识的提升和体育锻炼习惯的养成也有很大的影响。

1.对学生的影响有限

由于终身体育发展时间短,我国高职院校普遍缺乏终身体育教育,更加注重专业学生的运动表现、体能和运动技能。而终身体育在教学过程中只存留在设想阶段,并没有采取相应的措施,终身体育观念没有得到具体的落实。

2.实践性不高

对于终身体育在高职院校内部的展开状况来说,很多院校都只是做一些基本的宣传工作。在具体的实践教学过程中没有对终身教育落实状况进行跟踪调查,从表面上看已经在逐步开展终身体育教学,但实际上它只是一个大框架结构,没有任何实质性的进展,很难提升学生们践行终身体育的积极性。

3.体育教师本身的教学技能有待提升

在高职院校的体育教学过程中,体育教师对学生们进行教导中理论教学占主要部分,实践教学所占比例相对较少。在终身教育理念的实践中,教师不能发挥良好的主导作用,缺乏先进的内部职业院校体育教学理念和创新能力团队可以促进终身体育的发展。

(三)终身体育教育与高职体育教育相融合

终身体育是在现代终身教育思想的影响下形成的。20世纪60年代法国著名教育家保罗·郎格朗提出终身教育。他认为"数百年来传统的观点是把人生分成两半,前半生用于受教育,后半生用于劳动",但事实上,"教育应该是每个人从生到死的继续过程"。这一思想,当今已成为一种有影响的国际教育思潮。终身体育思想的形成除受终身教育思想的影响外,还受体育功能、社会经济发展和人们生活随社会发展变化及人们行为方式变化的影响。终身教育和终身体育都是以社会发展为前提的,就个人发展而言,都是以个人如何适应社会发展的需要而作为起点,最终发展起来的。当然,终身教育与终身体育也有不同之处。

1.进一步培养学生的终身体育意识

在终身体育教育过程中,营造相应的教学环境,进一步促进终身体育的发展,需要老师们去逐步改变自身的教育理念,设置更加科学符合终身体育教学的教学理念和教学意识,适当调整原有教学内容的比例,注重理论与实践教学相结合,提高学生的终身教育水平。除此之外老师们在制订教学目标的过程中,应注重现在和未来,注重培养学生终身的锻炼习惯。在保证学生们学到相应的体育运动知识和技能的同时又能够了解到终身锻炼思想,进一步提升自身的终身体育意识。

2.帮助学生们养成终身锻炼的习惯

在终身运动习惯的过程中,要确保学生自己能够掌握正确的运动习惯和运动方法。而想要实现对正确锻炼方式的熟练掌握,就需要发挥出老师的引导作用。要想拥有能够适应终身锻炼的身体素质和身体能力,应从三方面展开能力培养:第一个方面是培养学生的兴趣,提高学生的体育热情,为一系列的体育训练打下良好的基础;第二个方面是帮助学生掌握正确的锻炼方法和锻炼技巧,提高锻炼效果,同时确保学生自身的安全;第三方面是形成良好的体育运动习惯,只有习惯形成之后才能够在毕业之后没有老师监督的状况下开展终身体育的学习和锻炼。

3.提升学生对体育运动的兴趣

体育运动兴趣的培养非常重要,是终身体育教学培养的关键所在,很多人在毕业之后还能够坚持体育锻炼的一个非常重要的原因是他对体育有很大的热情。老师们也可以适当根据这一特点,在教学方案设计过程中注重对学生们的兴趣、建议和爱好进行培养,逐步改变单一的教学方法,促进教学方法的多样化。

4.培养学生积极的态度和生活方式

我国在发展过程中非常重视体育运动,在发展过程中逐步朝体育强国迈进,这会对人们体育观念的形成产生一定的影响。在很多城市或者学校内添设相应的体育锻炼设施,这有益于促进体育事业的发展。同时,高职院校也有必要进一步提高体育教育水平,注重推广终身体育观念。在长期的发展过程中,帮助学生更好地将体育锻炼融入日常生活中。

总的来说,在学生们发展过程中养成终身体育锻炼的意识和习惯,对学生后续的工作以及生活都会产生非常重要的影响,对现阶段高职体育教学中所存在的问题还需要多加重视,更好地推动终身体育锻炼的发展。

二、终身休闲体育

长期以来,我们已经习惯了学校体育教育的严肃性和标准性。但是体育教育作为素质教育的重要组成部分,在学校组织的培养人的过程中,除了其教育性的价值外,还应具有培养未来社会人的社会功能。我们的体育教育不应局限在课堂上的技能是否掌握以及个别项目的成绩是否达标,而是应培养一名社会人对体育的态度、接受程度以及长期的体育锻炼习惯。休闲体育教育恰恰是为学生提供了符合教育目的的一种生活方式,养成身体的运动习惯,同时陶冶性情。休闲体育并不意味着这类体育活动与其他体育活动在动作方式上有什么不同,而是它与一定的情趣相适应,包含了一定的文化娱乐的意义,从而使这类体育活动从一般的身体活动变成一种休闲情趣和生活方式。休闲体育在体育教育中具有双重功效,适度的身体娱乐活动既健身又悦心。

(一)休闲体育与终身体育的关系

运动是健康身体的自然需要,健康体现着大学生对自身前途和命运的基本关怀,休闲运动是体现这种基本关怀的最佳手段。以前,在农业化、工业化时代,由于劳动要求身体运动,劳动的部分过程同时也就成为锻炼身体的过程,它虽然不能代替体育活动,却有体育功效。今天,脑力劳动已不可避免地走向主导地位,人类比任何时候都需要体育。由此应运而生的校园休闲运动无疑将对高职体育的育人效应——健身健美、愉悦情感的近期效益和终身体育的远期效益发挥重要作用。毛泽东曾经说过:"欲图体育之有效,非动其主观,促其对体育之自觉不可。"可以说,大学生毕业后体育行为的中断或继续,很大程度上取决于在校学习期间的体育兴趣。兴趣高者,终身体育意识强,易于坚持锻炼,反之则不然。这一点,在中国群众体育现状调查与研究中,卢元镇先生给予了明确的回答,他说:"学校体育在树立终身体育观念、养成锻炼身体习惯、教会锻炼身体的技术方法、培养体育兴趣爱好等方面与学生进入社会后的情况有较大差距,以致学生一进入社会就开始脱离体育。"又说:"体育人口表现出强烈的健身动机,是体育人口在学生时代就喜欢体育活动,并养成习惯,这是形成体育人口的一个重要的前提条件。"由此可知,对校园休闲运动兴趣浓厚的学生极易成为终身体育人口。所谓终身体育人口,是指那些自接受学校体育教育起,坚持至今,并能持续到老龄的体育人口。因此,高职体育对培养学生树立终身体育观念、培养学生体育兴趣爱好、养成锻炼身体习惯是十分重要的。休闲运动的兴起从某种程度上讲是对前些年高职体育的一种"革命"。那么,如何理解休闲运动与终身体育的关系呢? 首先需从理论上弄清何谓终身体育,明确高职体育在终身体育中的任务以及休闲运动对大学生的作用。

1. 高职体育是学生终身体育的依托

众多迹象表明,终身体育将是未来我国高职体育中的一个永久性话题,因为在人的一生中,大学时期是上承儿童、少年时代,下启青、中、老年时期的生理"中介"环节。在这一环节中,对终身体育操作的合理与否,直接关系到大学生的后半生健身行为。如果要充分发挥高职体育的育人效应,扎扎实实地进行终身体育教育将是事半功倍的有效途径。终身体育产生于 20 世纪 60 年代的国际终身教育思潮,发展于 70 年代中期。1976 年在联合国教科文组织召开的关于青少年体育运动会议上,进行了关于青少年教育中的体育运动作用专题讨论,指出:"终身体育对学龄前儿童、青少年、劳动者、家庭妇女、高龄人和残疾人等没有机会参加体育活动的人提供机会。"由此界定:"终身体育是指一个人终身都受到体育教育和从事体育锻炼,使身体健康、身心愉悦、终身受益。"体育作为以身体运动为手段来提高人类健康水平的积极手段,当然不会是一种凝固而停滞不前的社会实践。体育要满足大学生的娱乐、享受需求,就要以其趣味性、创新性来提高吸引力。时代要求封闭体育向开放体育过渡,现代社会已经义无反顾地由强制性体育迈进自娱性体育的过渡时期。信息社会导致人类个性的差异化,必然导致体育活动越来越丰富并以其自身的魅力来吸引人。大学是人生的转折点,大学生面临从学校教育到社会实践的转变,因此高职体育是关系到学生未来体育生活化、体育终身化实现的关键。高职体育阶段不仅要解决体育学习的问题,还要解决当前和今后运用的问题。风行校园的休闲运动正是在这一思想引导下,遵循《全民健身计划纲要》中提出的"学会两种以上体育健身方法"的原则,成为培养学生终身体育能力和意识的重要环节,成为全民健身战略目标的依托。

2. 休闲运动是奠定高职学生终身体育的坚实基础

大学是学生接受体育教育的最后阶段,高职体育在实现终身体育的全过程中肩负着承前启后的历史重任,担负着培养终身身心健美的合格人才重要使命。有高校的调查显示,"扩张"休闲运动的时间和空间在高校早已司空见惯。某高校有 80%的学生几乎是休闲运动的拥戴者。一名利用中午和傍晚时间练排球的同学道出了自己倾情休闲运动的原委:"我其实是一个懒人,一次学校举行排球赛,我被拉去当陪练,训练场上一个月的酸甜苦辣让我兴趣倍增,一发而不可收。而一些啦啦队同学也受到感染,请求当陪练,于是练排球也渐成气候保持了下来。"两名练习交谊舞的女同学说:"我们是为了复习巩固选修课上的内容,更为将来踏上社会后丰富的文化生活和提高交往能力奠定基础。"有的学生讲:"球类运动固然能强身健体,但毕业后受场地、器械、环境的制约,很难坚持终身,而跳舞、做健美操却不受这些制约,随时可以进行,既高雅又可伴之终身。"这种思想在前几年是不多见的,由此可见学生终身体育思想的增强。休闲项目之所以备受学生青睐,学生之所以热衷于为其呐喊助威、服务,其中既有其集体荣誉感和团体凝聚力的一面,更是学生从玩乐的兴趣出发。俗语说,兴趣是最好的老师。"运动而有恒,第一能生兴味。凡静者不能自动,必有所以动之者,动之无过于兴味。""凡科学皆宜引起多方之兴味,而于运动犹然……第二能生快乐。运动既久,成效大著,发生自己价值之念……心中无限快乐,亦缘有恒而得也……兴味者运动之始,快乐者运动之终;兴味生于进行,快乐生于结果。"可以说,毛泽东将休闲运动与终身体育的关系清楚地表述了出来,推动的力量没有比兴趣更好的了,这是休闲运动的起始。兴趣发生于运动的过程中,快乐发生于运动所得到的结果。心中无限快乐且有快乐的结果,何愁不终身进行体育活动。可以说,休闲运动是奠定终身体育的坚实基础。当代的大学生在紧张的学习之余,更迫切地需要较高层次的精神文化生活。他们在获得知识的同时也在努力追求闲暇生活的丰富多彩,尤其对既能使身心健康发展、健美形体,又能陶冶情操,使人获得精神和物质满足的体育娱乐活动有较大的兴趣和参与热情。提高体育素质,使体育成为他们学习生活中不可缺少的一部分,从而自觉、积极、主动地参加体育锻炼,为步入社会后坚持自我锻炼奠定良好基础。休闲体育作为"人类着力建造的美丽的精神家园",是一种文明、健康、科学的余暇生活方式,对象牙塔内的学子们建造"美丽的精神家园"提供了一条"通道"。休闲运动满足了大学生身心、健康、愉悦的需要。如果将健康比作生命的金字塔,那么运动、营养、休息将是塔顶,而终身体育则是塔顶上光芒四射的明珠。

（二）休闲体育在终身体育中的重要性

众多文献资料都指出休闲体育是以积极主动、轻松愉快的心情进行的体育锻炼。体育活动对青少年和儿童在身体、心理、社会交往等方面的健康成长有非常重要的意义,孩子们通过参与体育活动可以以最自然、最自由的方式实践他们所学到的各种社会技能。青少年时期因为身体、心理的发育,他们具有旺盛的精力、强烈的好奇心和探索精神,爱玩是他们的天性,但是玩什么,怎么玩,为什么玩,需要有人去引导,让他们把多余的精力、体力用在对个人发展有利的地方。同时没有娱乐性的体育教育缺少吸引力,仅以达标为目的无法培养学生长期的体育锻炼习惯和健康的生活观。将休闲体育教育作为学校体育教育的补充引入日常的教学中可以在一定程度上改善学生对上体育课及体育活动的惰性,引导促进他们形成终身体育的概念,这是学校实施素质教育的途径。

一项对我国体育人口的调查表明,16岁至25岁的体育人口占体育人口总数的30.47%,但26岁后的占比骤然下降,下降幅度近10个百分点。此数据表明大学生走出校门后,由于受到社会环境因素、体能因素、家庭因素等影响,很快就不属于体育人口。而如果高职院校有效地开展休闲体育,能直接激发大学生的运动兴趣,使其灵活运用体育运动的基本技术和技能,培养大学生的运动习惯,端正他们的体育态度和行为,为树立终身体育和健康第一的思想及行为奠定基础。

解放思想,更新观念,是教育改革与发展的先导和动力。高职院校进行体育教育时,首先应转变体育指导思想,更新其观念。以前的"技术观""体质观""竞技观""快乐观"等都比较单一,无法满足当代大学生身心发展的要求。而休闲体育是近些年来发展起来的新型产物,它在社会上的地位正在不断地提升,目前我国也有部分高职院校进行休闲体育教育。随着休闲时代的来临,高职院校的体育观念应紧密结合时代的要求,以终身体育为指导思想,结合当前的"休闲观",进行休闲体育教育不仅可以促进校园休闲体育文化的发展,而且可以培养广大师生科学的休闲体育素养。

高职院校进行休闲体育教育,教育目标直接决定着把学生培养成为什么样的人。休闲体育的根本目的在于实现体育以人为本的目标。因此,制订合理的教育目标是非常重要的。休闲体育教育应注重学生休闲体育兴趣、能力、习惯的培养,在内容形式上注重课堂内外、学校内外的结合。休闲体育教育强调教育是育人的载体,它是实现学生全面发展的有效途径,也是贯彻素质教育的重要渠道。制订休闲体育教育目标应从学生的角度出发,并从学生的身体素质能力、社会交往能力、心理适应能力、运动技能四个方面进行,以达到休闲体育教育目标、内容、手段和形式满足学生身心发展的要求,逐步地培养他们体育的兴趣、能力和习惯,最终实现终身体育。

(三)终身休闲体育帮助高职学生健康成长

体育锻炼是强身健体的一种手段,已是每个人的共识,休闲体育并没有脱离体育本身的功能,同样可以强身健体。运动是健康身体的自然需要,个体健康是群体健康的基础。新时期的体育教育理论,应该选择健康作为体育的新目标,为每个个体预防和治疗康复身心疾病提供积极的手段。健康的体育休闲活动可以帮助青少年松弛过分紧张的情绪;帮助他们远离消极、颓废的生活;有助于养成良好的习惯和高尚的品德,增进个人的心智和各种技能;有助于发掘学生的兴趣或身心的平衡;等等。休闲体育一方面通过体育活动锻炼了学生强健的体魄,提高了他们的身体素质;另一方面通过休闲体育活动这个平台,使学生之间扩大了精神交流,没有压力地去尽情体验体育活动带给他们的乐趣,释放了过剩的精力、体力,帮助调整心理状态,达到身心平衡。

体育教育环境的好坏,直接决定着体育教育的效果。因此,休闲体育教育的环境建设,对推进休闲体育在高职院校的开展是至关重要的。高职院校实施休闲体育教育,对体育教育环境提出了较高的要求,如师资条件、场地器材条件、课程资源条件、校园文化氛围等。在体育师资方面,要制订教学目标、计划、内容、考试上都需要专业的休闲体育教师或人才,而当前我国体育院校仅有几所高职院校培养类似的高等休闲体育人才,供不应求,无法与高职院校的需要正常接轨,因此,引进专业的休闲体育人才和加强在职体育教师的休闲体育能力培训,是开展好休闲体育教学的重要条件。高职院校体育场地、器材和基础设施是高职院校休闲体育教育实施的有力保障,是环境条件,而环境的优化是激发大学生情感、激发大学生潜在创造力的闪光点和提高教学效果的因素与手段。因此,应投入大量资金不断加强学校的体育场地、器材的建设。在休闲体育课程资源方面,结合地方和学校的特色,开发新的休闲体育课程内容。同时健全学校的休闲体育俱乐部运行和管理机制,加强对师生的休闲体育素养,引导他们正确地进行休闲体育消费,这对校园休闲体育文化的传播也有良好的促进作用。

高职院校是对学生实施体育教育的最后阶段,也是培养学生进行终身体育的最佳时期。根据社会发展的特点,高职院校引入休闲体育教育观念,建立符合学生身心发展的休闲体育教育环境,不仅有助于学校进行体育教学改革,对学校、家庭、社会也能起到很好的辐射作用,从而大力促进群众体育的快速发展。

随着社会发展和科技进步,人们的闲暇时间逐渐增多,休闲体育以及对休闲体育的认识,对人的身心健康和社会的进步起着重要影响。养成良好的休闲体育习惯是实施终身体育的重要手段,终身体育具有一定的阶段性,而最重要的阶段是在校期间的体育教育阶段,因此,高职院校休闲体育的培养对学生养成终身体育习惯具有重要影响,关注和研究高职院校学生休闲体育是一个应该高度重视的问题。

高职学生在休闲体育活动中,通过人与自然的接触,锻造了坚韧、豁达、开朗、坦荡的品格;在人与人的交往中变得真诚、友善,实现了人理性的进步。人们通过休闲体育在感受顺畅的同时,更加积极主动地参加体育锻炼,所以在高职院校开展休闲体育教育是有利于培养学生终身体育意识的。

三、培养高职学生终身休闲体育的习惯

休闲体育教育作为一种无压力的、能使人身心愉悦的非功利性的体育教育活动,更容易被接受,也更容易坚持。一般人成年后放弃体育活动的现象非常普遍,尤其是女孩子,进入成年后体育参与率下降的趋势更加明显。而许多休闲体育项目比如体育舞蹈、轮滑、滑板等都是可以延伸到学校之外,可以作为兴趣培养的。这些活动可以帮助青少年完成挑战自我、超越自我的愿望,使他们感受到身体活动的快感,体验到心理的高低起伏的变化。只有充分体验到体育活动所带来的身与心的愉悦感,才能真正实现体育教育对学生身与心的教育价值,才能真正帮助学生

形成体育锻炼的意识和习惯。

（一）休闲体育教育促进学生培养社会交往能力

休闲体育不以竞赛为目的，这时人的状态会更放松，更容易回归到真实的自我，同时，休闲体育会融入更多的时代元素，它丰富多彩的内容，能增加对青少年的吸引力。当学生以轻松的状态全身心投入休闲体育活动时，能够很好地发挥想象力，培养他们的创造力，使相互间的交流变得更畅通，人际关系得到一定的改善，同时反过来又促进了身体、心理的健康发展和提升。

（二）加强青少年休闲体育教育

首先，要为青少年学生树立正确的、健康的休闲观。随着现代科技的发展，青少年的休闲方式越来越多，但大部分青少年都选择的是网络、游戏、书籍等非体力的休闲活动，这会使他们的体力、视力、身体的协调能力等等受到严重影响。休闲体育教育帮助他们把学习、娱乐、健身、创造有机结合起来。

其次，向青少年介绍更多的体育休闲的项目、内容。可以在体育课堂上与传统体育项目相结合引入休闲体育项目，比如传统的跳绳项目，考试是以单位时间内数量的多少计成绩，我们可以稍加改变，如改成花式跳绳，加入音乐，形式也变得更加灵活，会给学生一种新的体验，更有趣，更易坚持。同时，学校可以开展第二课堂，专门向学生介绍各种休闲体育活动和正确的运动方法，有条件的还可以让学生去亲身体验。

最后，学校可以向家长介绍、宣传各类休闲体育活动及其重要性，使家长正确对待孩子学与玩的关系，帮助孩子的身心在闲暇时间得到更好的调整与发展，给孩子一个培养终身体育的正确、良好的大环境。

（三）培养终身休闲体育的意识

休闲体育是指人们以积极的生活态度在闲暇时间所进行的体育活动，以此来丰富文娱生活，发展志趣、才能和个性。作为一种文化范畴的休闲体育已日益成为人们日常生活不可缺少的内容。而发展高职院校的休闲体育是教育事业的重要组成部分和重点，如何科学构建高职院校休闲体育的框架，从而深化高职院校教学体育改革，培养学生终身体育意识，创造积极的体育文化，使休闲体育更加健康地普及和发展，是目前高职体育教育工作亟待解决的问题。

高职休闲体育是一个重要的纽带，是实施终身体育的重要手段，它可以培养高职学生终身体育意识，促使高职学生养成健康的生活方式。高职休闲体育目前发展还不完善，存在着一些问题，如场地、校园锻炼氛围等，这些都不利于休闲体育在高职院校的推广。面对高职学生浪费很多空闲时间这一情况，高职院校应该加强体育健身知识的科普和休闲体育的宣传，营造良好的体育锻炼氛围，为休闲体育的推广服务，为大学生养成运动健身的终身体育理念服务。完善场馆设施，改善教学质量，多从学生的角度出发，满足学生的需要，激发他们的兴趣，更好地推动休闲体育的发展。

终身体育的理念是现代社会长期发展后逐渐提出的一种生活观念，即在生命存在的时间内不放弃学习和参与体育锻炼活动。该观念的广泛应用使体育成为生命中不可或缺的部分。在终身体育观念的引导下，学生能够形成良好的体育习惯，为未来的体育发展打下坚实的基础。休闲体育内容丰富并且没有严格的场地和技术要求，主要强调的就是快乐。因此，人们能够在休闲体育中体会到人生的乐趣，从而享受生活。将终身体育观念融入教学中，能够充分激发学生学习和参与体育的热情，还能培养学生的体育习惯，为融合高职院校体育和休闲体育提供良好的基础。

21世纪是知识经济快速发展的时代，人们的生活和工作方式发生了全新的变化，伴随着工作效率的提高，生活节奏的加快以及节假日的增多，休闲体育也应运而生。休闲体育是人们健身的新趋势，它不仅受到社会各界人士的热爱，也受到当前高职院校学生的热烈欢迎，它发挥出来的各种优势在不断对高职院校的体育教育产生巨大的冲击。高职院校是实施学校体育教育的最后阶段，也是学校体育向群众体育过渡的关键时期，如何根据时代发展的特点对当代大学生进行科学的体育教育，激发他们的体育兴趣，培养他们终身体育的意识，是当前高职院校体育工作亟待解决的重要问题。高职体育教育的目的就是要培养人的健康体魄，发展人的完美人格。然而当前有些教育内容和教学形式正与这种教学目的发生偏移。这也是当前大学生体育锻炼减少，身体素质下降，不愿意上体育课的重要原因。大学生思想比较成熟，个性较强，自由支配欲望比较强烈，休闲体育的特点比较符合他们的身心发展需要，如果对他们实施休闲体育教育，开展适合他们的休闲体育项目，不但能最大程度上发挥他们的个性和潜力，促进身心的健康发展，还能逐步培养他们对体育某个项目的兴趣，最终自觉地进行体育锻炼，实现终身体育。

四、新时代高职学生休闲终身的体育

随着社会经济的发展和人们物质文化生活水平的提高，人们越来越离不开体育锻炼，终身体育已成为人们生活的重要组成部分。通过体育运动增进健康，保持旺盛精力以应对社会竞争压力，已成为人们的迫切需求。而终身体育的形成需要了解相关的知识，掌握一定的健身方法，养成锻炼的习惯。这些都是高职院校体育的重要内容，学生只有在校期间形成终身体育意识，才能在今后的工作中坚持体育锻炼，并保持旺盛的精力和体力参与竞争，迎接各种挑战。高职体育不是体育实践与身体教育过程的终结，而是终身体育锻炼的基础。高职体育是终身体育的重要

一环，是奠定终身体育基础的关键时期。

（一）改革高职体育课的教学内容

在体育教学的组织形式上必须废除传统的、单一的、机械的体育课类型，设立基础课、选项课、专项课、选修课和保健课等多种类型的体育课。体育课内容要具备科学性、实用性和趣味性，要积极有效地把学生引到体育学习中来，激发学生学习体育的兴趣，最大限度地满足其参与体育锻炼的欲望，使学生从体育学习和锻炼中体验到乐趣。同时，在体育课程中，有目的地选择与职业技能相关（或相近）的体育项目作为教学内容，并进行有针对性的教学、训练，以提高学生的从业技能。如：对机械制造及自动化、汽车检测与维修技术等专业的学生，应根据专业运动特点，重点增强学生手腕、上肢和躯干的力量和耐力，以适应毕业后的职业需要，也为终身体育提供前提。总之，终身体育教育思想要求在体育教学中引入快乐体育的内容，培养学生自发、自主进行体育活动的能力和习惯，使体育经常化，并成为自身生活的一部分。

（二）提高体育教师自身的素质

高职体育教育正向终身体育方向的转变，对体育教师的素质提出了更高的要求。高职院校的体育教学面临的是学生群体，能否使他们形成终身健身的意识，养成参加体育锻炼的习惯，很大程度上取决于学生在学校所接受的体育教育是否成功。而体育教师是传授体育科学知识、技术和技能的专业人员，作为教书育人的实施者，他们的所作所为对在校大学生影响深远。高职体育教师首先应树立终身体育教育意识，由侧重传授运动技术转变为加强现代化体育科学理论与方法的传授，由传习运动技艺向引导终身体育教学意识建立转变；其次，应不断学习、提高和拓宽自己的体育科学知识和其他相关文化知识，拥有渊博的知识和强健的体魄，努力成为学生的良师益友。

（三）培养学生参与体育锻炼的兴趣

学生能否快乐地参与到体育活动中来，很大程度上取决于教师对学生参与活动的先行设计。教师如何使学生快乐地参与其中并从活动中获得满足感，专业课学习中的压力能否在体育课中得到释放，等等都需要体育教师进行合理的课程设计。如果体育教师能使学生在体育学习中找到自己喜爱的运动项目，能感受到运动带来的乐趣，学生就能积极地参与到体育活动中，逐渐把被动的由教师培养的运动兴趣转化为自觉、自愿的运动习惯。大学生体育兴趣的培养对促进终身体育的实现有积极的影响。

（四）帮助学生养成良好的运动习惯

高职体育教学应结合学生特点，不仅向学生传授体育知识、技能，增强学生的体质,更要帮助他们养成坚持锻炼身体的好习惯,培养他们的终身体育意识,而良好习惯的养成贵在坚持。教师要根据教与学的需要,制订科学的、切实可行的计划,有的放矢地进行培养和训练。同时,教师还要帮助学生制订有个性特点、切实可行的个人锻炼计划,严格规定锻炼内容、方法、运动量和时间等,并要求学生认真锻炼,并对锻炼计划进行自我监控。高职体育教学需要挖掘和调动学生的潜力,使学生调整自身的学习策略,从中找到适合自身特点的学习方法和锻炼项目,养成坚持体育锻炼的好习惯,从而受益终身。

总之,只有认真研究与探讨终身体育意识下高职体育教育的内容,树立终身体育教育观,才能使学校体育成为培养学生终身体育意识教育的关键部分。

第五节　高职休闲体育与终身体育思想相结合

学生的体育意识强弱直接影响着学校体育的效益和终身体育观的建立。长期以来,高等职业教育由于其自身办学条件的限制,对体育教学的硬环境投入还比较缺乏,学生体育活动的空间、时间、自由度都受此影响;同时,学生大学前体育意识的培养环节也是中学育人的薄弱环节,大多数学生缺乏必要的体育常识、体育技能,对参与体育教学与体育活动缺乏足够的兴趣和动机,学校又缺乏有效的干预机制,因此,目前高职学生中普遍存在着体育消极现状。为改变现状,我认为必须从调动学生主观能动性和学校的体育环境入手,让学生感知体育美,体验到体育运动的快乐,掌握必要的体育知识和技能,了解科学健身的方法及体育锻炼的自我监督能力,不断强化体育意识,才能从真正意义上培养学生终身体育的意识。

一、巩固终身体育思想

(一)感知体育美的魅力

要使体育运动更有魅力,给人以更强的美的享受和感染力,就要在体育教学中不断增加审美教育。在教学过程中,队列使学生体会到整齐美给人的庄重、刚劲、雄壮、威武等审美感受。在教中长跑、短跑、跨栏等内容时,使学生感受到节奏美、和谐均衡美、速度美、力度美、坚韧美等情感体验。球类教学使学生体会到协调美、技巧美、敏捷美和配合中的层次美、智慧美及千变万化的瞬时美、独创美。例如:在上体操课时,讲解体操走步和平时走路的相同处是抬头、挺胸、收腹,走路时每时每刻感到自己是美的、矫健的,这样走起来好看,并且给人的感觉也是美的。接着再教其他体操的动作,学生都感到通过体操课的训练有曲线美、姿态美、韵律美、协调美、轻松飘逸美的感觉。学生通过学习,对健康美的具体追求有了一个明确目标,体验到了生活美的具体内容和含义,从而陶冶了情操,对生活充满信心,对未来充满希望。促进感知体育美的魅力,感知是培养学生终身体育观的前提和思想基础。

(二)营造快乐体育氛围

快乐体育,是指在教学过程中充分调动教和学的积极性,使教师乐教、学生乐学,使全体学生在师生融洽、合作的氛围中生动活泼地发展身心,并在学习过程的始终充分体验运动的乐趣,体验克服困难后取得"发现"或"成功"的快乐的一种体育教育思想。因此,在快乐体育的实践中,学生成了教学活动的主体,学习的主人,从而扩展了其体质、个性、能力发展的自由空间,使其"主动学习、愉快发展",从而促进终身体育观念的形成。

(三)教师的素质和行为

教师要具有牢固的专业能力,要不断加强理论学习,掌握新颖的教学方法,激发学生的求知欲。教师将不再只是知识技能的传授者,而是学生健康发展的促进者和引导者。教师帮助学生制订适当的学习目标,并确认和协调达到目标的最佳途径;指导学生形成良好的锻炼身体的习惯、掌握体育锻炼的方法和发展学习体育的能力;创设丰富的教学情境,激发学生的学习动机和学习兴趣,充分调动学生的学习积极性;为学生提供各种便利条件,服务于学生;营造一个轻松的课堂气氛;与学生一起分享他们的情感体验和成功喜悦;和学生一起寻找真谛;能够承认过失和错误。

(四)教材的选择

教材的选择尤为重要。要选择学生喜闻乐见的教材,要多元化,充分丰富教材内容,使教材更生动、有趣。教材的选择要有针对性。多做些问卷调查,倾听学生的"心声"。做到"知己知彼"地选择教材。

(五)课堂教学过程

当教师以知识技能作为传授重点的时候,传授过程是将知识、技能分解,并从部分到整体、有组织地加以呈现,学生通过观察、练习,再现教师所传授的知识技能。当教师以学生的发展为中心进行教学时,教学过程是让学生在活动中发现问题,引导学生去解决问题,监测学生在解决问题后的反思。教师参与学生开放式的活动,引导学生掌握真正的学习方法和步骤。教师将不再是在固定位置上讲解、示范,而是在操场上和学生一起活动,与学生一起感受运动的喜悦。真正做到"授之以渔"。

(六)培养自我锻炼能力

培养学生的自我锻炼能力,是学校体育教学的重要内容之一,也是养成与掌握终身进行体育锻炼的意识、习惯和能力。自我锻炼能力如何与常规教学有机地结合起来,教师在课堂教学中,除了技术教学外,还要着重培养学生的认识能力,使学生真正懂得体育锻炼的意义、作用和有关的体育知识,充分激励学生的学习动机,发挥学生的主观能动性,调动学生的运动兴趣,促进学生锻炼的积极性、自觉性。同时,在体育教学中要特别要求学生在独立锻炼时掌握对练习的次数、运动时间、运动强度、动作的自我纠正等较好的自我调控能力,主动积极地锻炼,从而使学生将自我锻炼作为一种自主活动,使身心在不知不觉中得到发展,这为以后学生的终身体育奠定良好的基础,使学生终身受益。这也符合现阶段"体育与健康"课程所提倡的:学生能够掌握体育与健康的基本知识和运动技能,学会学习体育的基本方法,形成终身锻炼的意识和习惯,选择自己喜爱的体育项目,体验锻炼身体的乐趣。从而提高对体育的关心、态度和兴趣,认识合理安排体育锻炼对健康的意义,这对培养终身体育观是不可或缺的。

（七）加强场馆建设,优化硬环境

体育教学的硬环境即教学所需要的场馆、器材等,是影响教学的一个重要环境因素。这是体育教学的一个显著特点。这些环境条件影响着教学的各个方面。所以,在学校体育教学中要根据教学的规模和学生人数的需要,加强硬件的投入,特别是在目前高校扩大招生的情况下,为了保证教学的质量,必须加强场地、器材的建设,营造良好的教学环境,适应教学的需要。

总之,培养和发展学生的终身体育意识,激发学生体育锻炼的积极性,让学生在学生时代有"一技之长",养成终身体育锻炼的习惯和意识,让学生认识到体育的价值,生活中离不开体育,体育给他们带来无穷的乐趣。所以,学校体育教育是终身体育意识培养的关键,是潜移默化、润物无声的,它不仅为增强学生体质奠定好的基础,更培养学生终身体育的意识、习惯和能力。

二、终身休闲体育意识的培养

（一）端正传统的体育教学观念

终身体育的指导思想是:以培养学生终身参与体育活动的能力和习惯为主导的思想,主张在学校阶段培养学生终身进行体育学习和锻炼的意识和习惯,并使学生掌握终身体育的理论和方法。过去,体育教学过多地注重增强学生的体质,强调传授体育基本知识、技能和技术,忽视了对学生体育意识的培养。因此,当务之急要转变传统的教学观念,在教学中要增强对学生体育意识和健康意识的教育,要把当前体育教学与学生终身体育教育有机地结合起来,解决体育教学中重视体育锻炼轻视体育理论教育的问题。已进入高等职业学校的大学生,他们在掌握所学专业的理论知识和专业技能的同时,也有能力掌握锻炼身体所需要的体育知识和人体科学的知识,其中包括体育运动的作用、体育锻炼的原则与方法、体育保健等。在体育教学中如果能加强这些理论知识的传授,不仅能够激发学生锻炼的内在动机,而且也使他们提高了自我锻炼的能力,使他们能对自己的健康状况、锻炼效果做出正确的评价,增强体育锻炼的兴趣和信心。通过传授体育知识,学生了解体育、认识体育,提高学生体育认识水平,树立正确的体育意识,真正懂得健康的体质是人生的第一财富,是现代人生活的基本条件,从而强化学习的欲望,激发学习兴趣,自觉地把体育作为生活内容的一部分,最终形成参加体育锻炼的意识和习惯。

(二)培养与养成坚持锻炼的良好习惯

培养学生终身体育意识,关键在于培养学生的体育兴趣。"欲图体育之有效,非动其主观,促其对体育之自学不可。"兴趣是学习中最现实、最活跃的成分,是动机培养的起点,它能使人产生积极的情感体验,调动其积极性。运动兴趣和良好锻炼习惯是进行终身体育锻炼的重要因素。坚持终身的体育锻炼,就必须充分调动起学生的自觉性和积极性,而自觉性和积极性的动力又来源于学生对体育的兴趣和爱好,因此,在体育教学和课外锻炼中要善于发现、培养和保护学生的兴趣和爱好。首先,实施个性化培养,使学生形成自己的优势体育项目,是培养学生终身体育意识的重要途径。大学生已经具有自主进行体育学习和锻炼的能力,要有 1—2 个优势项目,使每一个学生自觉参与到自己所喜爱的体育项目当中去,并且在参与的过程中逐步形成锻炼的习惯和意识。其次,要从面向健康生活、终身受益的角度丰富和充实教学内容,把学生乐意长期坚持的体育活动加进来,如武术、太极拳、健身跑、健身操、跳绳、轮滑、网球、乒乓球、羽毛球等。课程设置应依据学生的运动能力、身体基础、兴趣和爱好的差异,区别对待,充分调动学生的主动性和创造性,使学生的个性得到淋漓尽致的展现和张扬。体育课的开设时间、方式可逐步趋向机动灵活,如登山、远足、郊游则可结合假期或野营活动组织教学,这种灵活的课程安排可使学生有多重选择,增加了学生接触社会,接触自然的机会,有利于终身体育意识的培养。再次,教学方法应具有很强的针对性、实效性和时代性,逐步实现变灌输为交流,变被动为主动,变单一为多样,变封闭为开放,采取课内与课外相结合、必修与选修相结合等形式多样的教学方法。最后,教学评价方式也应多样化,应从培养终身体育意识的角度出发,注重评价的全面性,包括对理论知识掌握的评价,对运动技术、技能掌握程度的评价,对学习进步幅度的相对评价,对学习态度的评价,对课外体育活动参与性的评价,等等,激发学生学习的主动性和积极性,在潜移默化之中让学生形成终身体育的观念和意识。

(三)为终身体育做好基础准备

大学时期是"教育体育"向"自我体育"过渡的关键时期,教会学生按自我需要进行自我锻炼的技术技能,教给学生在各种条件和社会环境中坚持科学锻炼的知识和方法,是高职体育教学中应该充分重视的问题。学生能否进行终身体育锻炼,要看他们是否具备一定的体育能力,即身体基本活动能力、运动能力、自我锻炼能力、自我评价能力、适应能力等,也就是人们应具有的终身参与体育活动的本领。因此,在教学过程中首先要培养学生的理论学习能力,引导学生养成看体育课本的习惯,教师在讲述理论知识时要提出些思考、待查的问题,使学生懂得为什么锻炼、怎样锻炼,掌握健身理论知识,评定与监督,使学生不仅得益于健康教育的实践,而且能树立终身体育的长远思想。其次,要培养学生的实践锻炼能力,体育教学内容将从以运动技术为中心向以体育方法、体育动机、体育活动、体育经验为中心转移,课程设置应由单一的普通教学课向项目选择课、专项提高课、保健体育课、休闲体育课等多样化方向发展,在教学中要不断改进教材和教法,确立学生在教学中的主体地位,为学生创造自主学习的空间,培养学生自学、自练、自评、互评的能力;给学生选择一些健康价值高又简单易学的项目作为素质练习的内容,要求学生掌握练习的方法和原理,举一反三。再次,要培养学生的组织管理能力,在体育活动中,每一项运动都有一定的组织形式,也有各自的规则,在体育教学中既要训练学生分工协作的集体主义精神和坚持不懈、勇往直前的顽强意志品质,又要训练学生学会做体育活动的组织者与管理工作。如小型比赛的竞赛组织与编排、常见运动项目的裁判工作、新运动项目的推广介绍、运动损伤的预防与保健等,也可让学生承担院系运动会各单项比赛的事务性工作,教师在旁指导,这样既能提高学生组织与管理的能力,又可以使他们能更快地适应未来工作的需要。最后,要培养学生课外活动能力。高职院校课外体育活动是学生进行体育锻炼的主要途径,要充分利用好这块阵地,培养学生的自我锻炼能力,令学生通过课外活动来消化、吸收和实践在体育课上所学的体育知识、技术和技能。可成立各项体育活动俱乐部,学生可根据自我兴趣分组活动,这不仅可提高自我锻炼能力,而且能使自身的组织能力、协调能力都得到更好的发挥,为终身体育打下良好的基础。

总之,高职体育教学就是要使大学生毕业后,能够根据自己的工作性质与职业特点,根据自己处于不同年龄阶段的身心与健康状况,根据自己所处的工作、生活环境与客观条件,选择体育锻炼的内容,独立地从事科学锻炼,以满足身心健康的需要。因此,在高职体育教学中应该重视终身体育意识的培养,把学生所掌握的体育知识和技术技能,转化为体育能力和体育素养,为终身体育奠定基础,使学生最终成为一个终身体育践行者。终身体育不仅是提高全民族素质的需要,更是全人类社会发展的共同需要,培养大学生终身体育意识,将对我国高职体育教育的改革和发展起到不可估量的作用。

三、高职体育教学与终身体育的关系

(一)高职体育教学对学生形成终身体育观念奠定了基础

学校体育是国民体育的基础,是发展我国社会主义体育的战略重点,体育教学质量的好坏直接影响到我国社会体育的发展。高职体育是学校体育的最后阶段,是终身体育的中间环节,具有承上启下的重要作用。高职体育是学校和体育教师对学生进行的全面、系统的教育,其目的是发展学生身体素质,掌握一定的运动技术、技能和体育理论知识,学会锻炼方法,培养锻炼的意识和习惯,是学校体育教育的最高层次和最后阶段,对学生形成终身体育思想和意识具有十分重要的作用。高职体育是个具有多功能的系统工程,进行体育教育不仅是增强体质的需要,更是教会学生如何健康地生活的需要,这也是体育的社会价值所在。大学生正处于身心比较成熟的青年时期,是个性形成的关键期,自我意识强,求知欲旺盛,是接受教育、自我完善、实现个体社会化的最佳时期,高职体育教学可充分利用学生在高校学习、接受体育教育的有利时机,奠定学生终身体育的基础,帮助学生形成自学、自练、自控的能力,培养体育锻炼的兴趣与习惯,转变态度,更新观念,使学生不仅在学校阶段里,而且在步入社会后的任何阶段、任何情况下都能自觉独立进行体育锻炼,变成一个真正的终身体育者。

(二)高职体育对培养学生终身体育意识的作用

体育应伴随人的一生,如果我们把人生中的身体锻炼活动分成若干个环节的话,那么学校体育在终身体育整体中,刚好处在连接家庭体育和社会体育的中间环节,对实施终身体育起着很重要的作用。在人的一生中,接受系统身体教育最长、最有时间保证的阶段就是在校时期,体育课从小学一直到大学,每周按两节课计算可达 1500 学时以上,学校为终身体育提供了实践的环境,而高职体育是以培养学生走向社会后所能经常参与的娱乐体育、健身体育、传统体育以及家庭体育和部分竞技体育等为内容,可以在学生身体锻炼的过程中,不失时机地加强主体意识的培养,贯彻终身体育的思想,为走向社会后实现体育终身化打下坚实的基础。同时,也由于该阶段的学生文化层次较高,理性及自主能力较强,在高职体育教学中结合学生的兴趣、爱好及身体状况和专业特点,学习自我锻炼身体的知识,发展自我身体锻炼的能力,培养学生终身体育锻炼的习惯,必能收到事半功倍的效果。

(三)高职体育对培养学生终身体育意识的迫切性

现在社会上大部分人缺乏体育意识,缺乏应有的体育基本知识,连最起码的锻炼知识也没有,出现上述状况的原因很多,其中包括社会因素、生活水平、学习环境、工作条件等,不过有一点无可否认,那就是在校期间学校体育的奠基功能没有

发挥出来,缺乏终身体育的观念,未能面向社会的需求与未来的要求去培养学生,忽视了对学生终身体育能力与体育习惯的培养,这是学校体育教学中的一大缺陷。因此,推行终身体育,着重培养学生终身体育意识、终身体育的能力和习惯,有着长远的战略意义和深远的历史意义。

第五章
高职院校对休闲体育的干预

　　世界进入了信息化的时代,高科技、规模化、自动化的生产大量替代了劳动力密集型的生产,使得社会生产模式从依赖体力走向了依赖知识和信息。这时,体育作为一种与生产实践相关联的教育活动,其内涵必然开始发生迁移。当人们更多地需要利用闲暇时间来增加自身的活动量以延缓"富贵病"的提早发生的时候,需要以参与各种体育娱乐来度过闲暇时光的时候,体育的"强身健体"的功能就开始转化为一种人们对健康生活的需求,在相当长的一段时间里,体育在中国被赋予了浓烈的政治色彩。从20世纪50年代开始,体育在中国基本属于福利性事业,为了提高全民健康水平,国家每年都要投入大量的资金;为了摘掉"东亚病夫"的帽子,在世界竞技场上显示新中国的成果和荣誉,还处在"一穷二白"中的中国,用当时近乎天文数字的投入来保证从国家到地方的运动队的训练和成绩。不可否认,在当时的历史背景下,这有其合理性和必要性。当休闲成为人们的需要,休闲方式的选择便自然地成为一个话题。人类需要休闲娱乐使得生活和工作变得更愉悦,同时人类也需要理论的指导使得休闲活动更明智、更健康。

第一节　高职休闲体育培养学生个体独立能力

　　作为终身教育提倡的休闲教育应该重点关注三个方面,即兴趣爱好、知识技能、态度和习惯。从高职学生个体开展教学,重视男女性别差异。高职学生喜欢自由的生活,其爱好很广,对知识技能的掌握能力很强,所以在平常就要按照学生特点和他们的体育爱好兴趣与态度习惯,将之和知识技能联系起来开展教学,而不只是为了让学生学会实际操作。

一、高职院校学生的兴趣爱好

　　兴趣是学生最棒的老师,也是引导学生主动、积极、乐观接受教育的有力促进因素。高职院校教学大纲和相关计划对高职学生的知识掌握有具体规定,什么应该学习,什么必须学习,可是却没有完全考虑其兴趣感受,教学过程也未能完全符合学生发展规律。因此,应该合理改革休闲教育,将机械的课堂学习变成灵活的学习,教师根据学生的主体地位加强学生的自主学习能力,不断创新教学方法,丰富教学方式,对教学效果进行灵活的评价,相关的方法运用更应该增强学生的体育参与积极性,使学生形成终身体育思想,帮助他们发展身心。高职院校应该从七个方面培养高职学生的休闲体育兴趣爱好:

第一,转变体育教师管理,根据学生身心发展规律与特征、教育教学规律、科学的教学方法,全面提高自身的教学能力,促进学生身心健康发展,激发学生积极参与的热情。

第二,体育教师应该强化专业技能学习,丰富休闲知识,利用先进的休闲体育教育技术来提高教学质量。

第三,针对学生的体育兴趣特征科学看待学生的表现欲望。

第四,根据信息反馈结果挖掘学生的学习潜力,引导他们自主学习。

第五,创新教学方法,善于运用情景启发式教学。

第六,通过体育竞赛增强学生的学习兴趣。

第七,敢于创新、善于实践。

随着高职院校体育教学方式的改变,很多高职院校都在实施俱乐部式的教学方法,让高职学生按照兴趣选择加入喜欢的俱乐部,而非只是完成教师要求的跑跳、体测等任务。

二、引导学生形成良好的休闲习惯

通过严格要求形成良好习惯,从生活到学习,只有持之以恒的训练与实践才奏效。对高职学生的休闲体育的自主参与习惯的培养,有助于引导学生热情参加休闲体育活动。另外是将休闲体育活动参加当作日常生活,变成生活习惯。也就是说,让高职学生具备主体意识,在休闲体育锻炼中会学、善学,最终形成良好的休闲体育活动习惯。还要纠正高职学生的学习态度,使之更有兴趣参加休闲体育活动,逐渐形成爱健身的好习惯。而这些好习惯又会让高职学生的学习态度变得积极。

三、学生休闲体育活动的组织形式

高职院校学生的课堂所学并非完全符合一些休闲体育项目的参与条件,而休闲体育的发展动力不足使得一些项目的指导没有广泛普及,致使有的学生不愿参与休闲体育活动。所谓休闲体育组织形式,就是引导学生参加休闲体育项目,学会锻炼的详细方法。各高职院校的环境条件、体育运动项目、活动教材各不相同,因而组织形式也不一样,相同目标的教学内容不一样,其组织形式也需要是视具体情况而定。

四、拓展学生休闲体育活动的时间和空间

休闲体育是一个具有很大发展前景的领域。高职院校休闲体育教育的发展对于休闲体育时间与空间的拓展都非常重要。学生通过休闲体育锻炼来做有意义的事情,而不是浪费大量时间在睡觉、上网、吃喝玩乐等方面,既让他们珍惜了青春时光,又让他们有了更多学习时间。休闲教育是高职学生的人生价值观教育,是学习阶段的重要教育任务。高职院校的休闲教育应该符合高职学生的个性,以多元化的手段开展休闲体育教育活动,积极运用不同方式、空间来进行休闲体育教育素质强化工作,只要是针对高职学生的全面发展的时间、方法都可以归入休闲教育范围。高职院校应该举办丰富多彩的休闲体育活动。例如在休闲俱乐部建设中,不同俱乐部按照自身的教学目标,利用相关的休闲体育设置组织高职学生参与休闲活动。根据健康第一的教育思想举办特色化的休闲体育活动,让高职学生在参与过程中体验到快乐感,从而更好地训练自己。高职学生对休闲体育活动的强烈兴趣会更好促进高职院校休闲体育活动的顺利开展。也可以建立高职学生休闲协会,让高职学生有一个共同交流平台,形成良好的休闲习惯,让高职学生不断挑战以往未曾参与过的休闲活动项目,让那些爱好相同的高职学生不断交流,形成正确的休闲价值观。还有就是,组织高职院校学生参加大众休闲活动或者培训,促进高职院校休闲体育教育发展。建设高职学生休闲教育网络平台,利用现代网络让高职学生有更多的交流,利用网络平台的在线交流,学到课堂上学不到的休闲体育教育知识,完善高职学生休闲知识网络体系。通过在线互动交流,高职院校教师可以优化休闲体育课堂教学方案,改进不足,同时也让高职学生深入了解休闲知识,充分运用这些知识发展自我。网络平台的建立,也可以使高职院校与社会形成一个有机的整体,实现高职院校和社会的无缝对接,可以保证高职学生走出校门后,能够继续运用休闲的知识技能实现自我的人生价值。规范的课堂秩序有助于教师更好地贯彻休闲体育教学新思想新方法,增强学生的积极锻炼热情。让高职学生不再被动、消极地参与休闲体育教育,并在自觉、主动的过程中打造教师乐教,学生乐学的良好局面。

五、强化高职学生的体育知识技能

休闲体育教育就是给人传授休闲体育活动的知识技能的一个过程,从而让人们更了解休闲生活定位。不少休闲体育活动项目要是缺乏技能水准就无法体会到其中的趣味,这就应该利用休闲体育教学学习来掌握。在高职院校休闲体育活动

里,高职学生应该以科学的运动锻炼方法来使得身心愉悦,进而实现强身健体的目标。比如攀岩、蹦极等休闲活动应该经过专门指导后方可参加,以避免出现意外事故。如果不注意让高职学生掌握好知识技能,那么休闲体育教学质量就会被拉低。通过休闲体育教学,高职院校学生学会休闲体育技能,积极参与,锻炼好身体,爱上自己喜欢的休闲活动。

六、培养休闲体育专业人才

高职院校应该多和各体育单位与相关组织加强合作,构建人才需求反馈体系,及时准确了解第一手资料,调整休闲体育人才培养方法,将进行休闲体育专业人才的指导能力训练。休闲体育专业人才不但要加强专业素养的训练,还应该提升高职学生的社会责任感,让他们具有更多的责任意识。高职院校体育设施越来越完善,高职学生也日益认识到身体锻炼的重要意义,很多学生在课外时间积极参加休闲活动,然而他们对于休闲方式的运用却不甚了解,因而需要大量的休闲专业人才来指导他们。根据社会体育发展形势,高职院校既要加强休闲体育教育,培养更多休闲体育人才,还要以科学的组织引导高职学生进行正确的健身锻炼,积极参加休闲体育活动,为休闲体育人才紧缺的社会输送新鲜血液。高职院校的休闲体育教育发展深受社会环境影响。政府也应该联合社会与高职院校加强休闲教育服务体系建设。为确保高职院校休闲体育发展,在调研高职学生的休闲体育开展情况的同时,积极组织他们参与锻炼。高职学生的休闲体育教育不但可以促进他们更加了解休闲体育知识,还能发展他们的休闲技术能力。

休闲体育凭借其趣味性、娱乐性、合作性等特点,已经成为当代体育发展的一种潮流。大学生参与休闲体育,能够在欢愉的气氛里更好地锻炼身体、陶冶情操、释放压力,有利于促进身体健康、提高社交能力和培养团队协作精神,为其他专业课程的有益补充。高职院校应当看到休闲体育的广阔前景,大力发展休闲体育。高职学生闲暇时间充足,但有限的场地和器材制约了学生参与休闲体育的积极性,部分劣质器材甚至会导致学生运动损伤,专业指导教师的缺乏已成为当前高职院校休闲体育发展的瓶颈。针对这些情况,高职院校应该增加投入,逐步完善休闲体育场地和器材,培养一批优秀的专业指导教师,补齐当前休闲体育发展的短板。高职院校应当充分利用各种平台加强宣传,提高广大师生对休闲体育的认知,自觉参与到休闲体育运动中来,不断提高休闲体育的参与度和渗透率。高职院校应当号召广大师生自觉开展休闲体育研究,不断丰富休闲体育形式,使其成为校园文化的有机组成部分,发挥潜移默化的影响,推动休闲体育不断发展。一起推动休闲教育体育发展,发挥优秀运动员、教练员和体育工作者等的带头作用,建设休闲体育服务队伍;合理运用社会上的体育协会、单项运动协会之类的体育团体组织力量,使体育系统和休闲体育活动健身服务队伍范围进一步扩大,而这个过程中应该考虑到高职学生的兴趣爱好、学习需求等个体差异。高职院校中鼓励活动社团建设,特别是免费社团,多开展一些诸如爬山、徒步行走等训练活动,在高职院校常规的运动会、足球赛、篮球赛等之外,增加一些趣味运动会,让更多的高职学生参与到休闲体育活动中。

第二节 "互联网+"为休闲体育发展提供了新动力

自 1995 年《全民健身计划纲要》颁布实施以来,体育娱乐健身已经大踏步地走入中国民众生活之中:在大中城市,我们可以看到锻炼者踊跃的健身房、游泳馆,看到收费的足球场、篮球场热闹非凡,看到网球场预订供不应求,看到富裕家庭乃至小康人群投入他们几年前仍相当生疏的滑雪运动中,看到体育彩票牵着千百万人的心。在北京,全民健身设施发展迅速,群众体育蓬勃开展。2003 年创建了 1239个全民健身工程,总面积 94.5 万平方米,总投资 1.7 亿元。截至 2003 年底,北京市所有街道、乡镇和有条件的社区居委会、25%的行政村均配建了全民健身设施。全民健身晨、晚练活动场所达 3811 个,社区活动达 8749 项次,参与人数 134 万。体育充分展示了其锻炼体魄、娱乐身心的优越性,其健康有益的组织形式,不断改良和创新的活动项目,让广大的人群参与到全民健身活动中来,极大丰富了人们的业余生活,对满足个体的自由选择提高人们的生活满意度,促进社会的繁荣稳定具有积极的推动作用。

一、体育在促进城市发展中的作用

(一)提升城市影响力

体育对于城市的影响力具有独特效果,它能够开启城市影响力的引爆点,且能够维系城市的影响力。如欧美城市吸引国际体育赛事、职业体育俱乐部落户,在财政、税收等方面给予优惠,究其根本是为了通过体育提升城市的影响力。如圣安东尼奥作为美国得州工商城市,之所以为人们知晓,更多是因为它是 NBA 蝉联四届冠军马刺队的主场城市。和平年代,人类社会进入同呼吸、共命运阶段,体育作为人类共同爱好,没有国界和限制,通过体育提升城市影响力是一项高效、明智之举。

(二)重塑城市形象

城市形象是城市生产、生活方式经过长时间发展和积淀后的文化凝练,也是城市传播符合与文化的名片。基于历史、文化及地理等因素的影响,每座城市都拥有独特的文化,而这些共同构成了城市形象。工业时代,人们对于城市形象的塑造更多地集中在产业、建筑等方面,如汽车城底特律、纺织城曼彻斯特等。而在后工业时代,城市形象主要通过软标志,即体育、文化与艺术来展现。越来越多的城市开始通过体育重塑城市形象。

(三)构建旅游胜地

体育对于城市发展具有促进作用,其关键因素能够围绕着体育打造新型旅游胜地。从经济学角度来看,当国人人均 GSP 达到 3000 美元时,国内旅游需求非常活跃。随着国民经济的发展,我国国民生活日益改善,对旅游需求逐年增强。哈尔滨地处我国东北,被誉为欧亚大陆的明珠,拥有非常丰富的冰雪资源。因此哈尔滨以此为契机,全力培育和发展冰雪旅游产业,并打造了亚布力高山、二龙山等多处滑雪场,哈尔滨国际冰雪节已经连续举办了 25 届,取得了非常不错的成绩,为城市经济发展提供了极大的支持。能够取得如此大的成就,是因为哈尔滨承办了第 24 届世界大学生运动会等冰雪赛事,在国际上获得了盛名,进而为城市旅游产业发展创造了平台。

(四)创造就业机会

城市与农村相比,最大的优势是能够提供更多发展机会。因此城市发展中,创造就业机会,能够保障民生,且能够为城市发展注入更多活力。现如今,积极发展服务业、金融业等成为城市的共同选择。但信息化时代下,小城市发展高端服务业困难重重。而体育产业作为生活型消费行业,不仅保增长调结构,而且能够促就业重民生。因此越来越多的城市大力发展体育产业,以此来创造更多就业。虽然我国体育产业尚处于发展阶段,与发达国家存在一定距离,但在促就业方面已经表现出明显的优势。利用体育产业资源加强休闲体育发展时,梳理一下体育产业对中国体育发展产生的积极影响及构成的诸多挑战,不仅可以深化我们对中国体育产业发展规律的认识,而且有助于我们提高对中国体育改革与创新的认识。

二、对体育属性认识的突破

中国传统观念认为体育只具有公益性,否认体育还具有作为文化产品的商业价值。计划经济体制强化了体育单一属性的这种认识,不仅将体育限定在公共产品的范围,限制了从其他渠道创造体育产品、提供体育服务的可能性,也否定了体育自身具有的多类别、多层次的丰富内容,满足社会多种需求的可能性。体育成为单纯依托经济基础的上层建筑,无法进入社会流通领域,无法自我造血和创造财富,造成体育潜在资源的浪费。

体育产业突破了这种认识,认为体育不仅有促进人的发展的本质属性,而且以此为依托形成的产品和服务还因具有市场交换价值而具有商业性。体育内容的相当部分可以而且应当纳入社会生产和再生产过程,纳入生产、分配、交换和消费的完整经济过程。对体育属性观的突破,不仅在理论上深化了人们对体育的认识,而且具有重要的实际意义,使体育有可能通过市场机制来诊断社会需求,优化资源配置,提高使用效率,增值体育资源,从而为体育发展源源不断地注入新的活力。

(一)对体育目标与功能的重新认识

基于体育单一公益性的认识,我国在传统上将体育实践的目标确定为群众体育增强国民体质,竞技体育为国争光。这不仅导致体育在休闲娱乐、个性化发展、观赏等方面的功能被忽略,而且在增强体质的群众体育和为国争光的竞技体育中都忽视了参与者的主体地位。体育产业以消费者为目标,也就是以有主体意识、有选择自由的个体人为服务对象,围绕人的需求提供体育产品和服务,将体育与人的需要和发展密切结合起来,从而有力扭转了我国体育长期以来忽视个体的倾向,将体育"以人为本"的价值取向落实在具体的个体需求上。不仅如此,我国体育目标的确定和功能认知的主体正是体育行政管理者和学者。因为体育产业促使体育与个体人的具体需求结合,针对不同群体的需求生产和提供体育产品和服务,极大地丰富了体育实践广度和深度,所以体育进入千千万万普通人的生活,与广大民众多类别多层次的体育行为形成广泛的互动,从而将广大民众置于体育功能开发和目标确定的主体地位。人民群众基于自己丰富多彩体育实践的切身体会和切身利益,越来越主动地参与到体育目标确定和体育功能开发的过程中。于是,近年来,越来越多的普通民众以多种方式评论体育的得失,提出各种建议,声音越来越响亮,已经对体育决策产生影响。

(二)培养了健康消费观

在计划经济时期,我国将体育作为公共产品由政府直接提供,人们也习惯于这种不花钱的服务。然而,受制于政府供给能力,我国的公共体育服务,无论是数量还是质量都远不能满足人们的需求,以功、拳、操为基本形态的体育形式也难以产生对全体社会成员,特别是对中青年人群的吸引力。休闲体育娱乐是体育产业的核心产业,以其生动活泼、妙趣横生的多种体育产品和服务激发人们的参与积极性,邀请人们以主动付费的形式参与自己喜欢的体育运动,在参与行为中感知体育的魅力,在参与效果中认识花钱买健康的身体、买运动的体验、买愉快的心态的消费价值,逐渐增强消费理性,改变消费行为。这种健康消费既强身健体,又娱心益群,不仅启发参与者对自身健康的关注,也会在一定程度上抑制吸烟酗酒等不良消费习惯,营造昂扬向上的社会风气。近年来我国各地兴起的马拉松热、休闲体育热、体育旅游热等现象表明,一种健康的消费观已成气候,渐渐成为潮流。体育产业有力地改变了传统观念对体育的轻视,改变了我国传统消费观中体育消费缺失的不足。消费观念的这一深刻变化,不仅丰富了个人与家庭的休闲娱乐生活,而且改善了我国居民的消费结构,为体育产业高达数万亿元的产出预期奠定了思想基础。

(三)催生新的体育形态和相关业态

体育涉及人的生物属性和社会属性,以其特有的多种功能,满足人们不同层次、不同类别的需求,具有极强的辐射力和渗透力。体育产业充分利用了体育的这种性质,不仅开发体育自身的经济价值形成核心产业,而且利用体育的渗透力和辐射力形成一系列相关产业和关联产业。具体而言,体育产业主要以三种方式促进体育及相关业态的发展:

1.体育自身功能的商业拓展

我国体育事业中有相当部分,如可供观赏的精英竞技,用于娱乐休闲的体育活动等具有巨大的商业潜能,因计划经济体制与机制未能为其提供发挥的舞台而处于冬眠状态,体育产业激活了这些沉睡的领域,使其从事业中脱离出来,在市场中找到新的发展机制,迅速成长为新的体育形态和产业形态。健身休闲、竞赛表演是这一类型的代表。

2.体育功能的跨界渗透

通过"体育+"的方式,体育元素融入其他业态,使该业态产生意想不到的增值效应,产生新的融合型或结合型业态,形成体育与其他业态互惠共赢的格局,如文化创意、体育旅游、体育艺术、体育传媒、体育会展、体育广告、体育影视、体育纪念品等。

3.体育效益的辐射关联

通过体育核心产业和相关产业,关联引动其他业态的发展,如场馆服务、中介培训、体育用品制造与销售等。体育产业是在市场作用下自发产生的,其发生与发展的机制内生于社会,因此,在它影响下形成的新的体育形态和相关业态,有较为坚实的社会根基,是在优胜劣汰过程中自然形成的。

(四)扩大体育资源,提高资源利用率

计划经济时代,我国体育的投入完全来自政府拨款的单一渠道,以政府的有限资源来办世界上最大规模的体育,自然处处捉襟见肘。资源不足成为我国体育发展最大的障碍。尽管我们是"举国体制"的方式,即以政府为实施主体,以行政指令为实施手段"集中力量办大事",迅速集中资源、配置资源,成功实现竞技运动"为国争光"的目标,但这种方式只能消耗资源而不能有效地增加体育资源。受资源严重不足的制约,我国竞技运动难以均衡发展,群众体育长期处于低层次发展状态。改革开放激活的体育产业从根本上改变了这一局面。体育产业通过多种市场渠道，吸纳社会资源，于是人们看到万达、阿里等商业巨头对体育的巨额投入。体育彩票更是成为我国体育事业发展不可或缺的经济命脉，为体育发展源源不断地注入活水。自 1994 年我国发售体育彩票以来，到 2014 年，体育彩票已累计销售约 8781亿元，累计筹集体彩公益金约 2484 亿元。然而，在条块分割的行政体系管理下，有限的体育资源被切割为碎片状态，难以共享；而以行政手段配置资源有其自身无法克服的弊病，在计划经济时期，体育资源紧缺与浪费相伴共生，如影随形。体育产业依靠市场，不仅用较少的资源投入取得较大的产出效益，使体育产品和服务增值，扩充体育资源，而且在机制上解决了行政手段无法克服的资源错配问题，做到物尽其用，避免浪费。体育产业不仅可以开源，而且可以节流。

（五）推动体育改革

体育产业要求有效率的企业制度、完善的市场体系、开放的市场空间和健全的法制环境。显然，体育产业所需要的条件远远超出经济性质和生产领域，从而成为社会和体育诸多重要领域的改革力量。我国体育产业的成长过程也是我国社会和体育改革推进的过程，随着体育产业多种业态的兴起，相应的企业和体育社会组织由体育发展的边缘地带进入核心区。体育产品和服务的提供者日趋多样，改变了政府发展体育的单一主体，行政指令运作体育的旧格局，引发并推动中国体育组织体系和组织格局的变化，一个多主体相互合作又相互制约的格局正在形成。随着中国社会转型发展进程的深入进行，体育产业的基础更加稳固，其作为中国体育转型催化剂的作用进一步显现。体育产业已经成为推动中国体育改革的一个重要的动力源。

（六）改变传播方式

体育之所以能成为现代社会生活的重要组成部分，是因为其承载着促进人自身和谐、人与社会和谐、人与自然和谐的多种价值。因此，世界上许多国家都不遗余力地增强其国民对体育的认知，扩大体育参与的社会覆盖面。在计划经济条件下，我国体育传播的基本方式是学校体育、单位体育和新闻媒体。这些传播规模虽大，但整齐化缺乏个体的针对性；传播虽快，但缺乏深度。体育产业以提供体育产品和服务的方式传递体育信息，普及体育知识，推广体育活动。由于其有合理的市场划分，目标群体明确，针对性强，传播效果往往优于传统的传播方式。不仅如此，体育产业将体育的文化价值叠加商品价值，或将商品价值融入体育的文化价值，因此对群众有较强的吸引力，是极具创新和挑战的新的体育传播方式。

（七）改善体育生态环境

一个国家理想的体育状态是由多种性质、多种类别的体育构成的，这些体育的形态相互依存,相互补充,互为因果,构成了体育发展的生态环境。而生态环境是体育内生机制的必要条件。在计划经济条件下,我国体育形态仅限于公益性,主要是旨在为国争光的专业竞技运动和旨在增强体质的学校体育与群众体育,形态结构简单,内容单一,缺乏体育的生态多样性、互补性及内外环境的良性互动。体育产业在我国公共体育服务的基础上衍生出准公共和非公共体育服务,为不同性质、不同层次和不同类型间体育形态的共生共荣提供了条件。

三、休闲体育注意事项

人们越来越注重现代体育运动,体育锻炼不仅给人们带来了健康,而且也带来了娱乐功能,也突出了体育锻炼对美的追求。但在休闲健身时,也应该注意以下事项。

(一)参与休闲体育活动时,必须先要热身

参加任何体育活动,热身是运动前的必要过程。当肌肉松弛时,它们也更容易被驾驭和扩展,做这些运动将使你减少受伤概率。因此,花上 10 分钟的时间,让你的身体完全地活动开,有稍稍出汗的感觉是最好的。这一步是你健身锻炼的良好开端。

(二)极为必要的伸展运动

当锻炼一处肌肉的时候,它会变得紧绷而缩短,伸展运动有助于放松肌肉,从而防止第二天的肌肉酸痛。需要注意的是:做这个动作的最好时间是在完成热身运动之后,同时,持续每个动作 20—30 秒。这将有助于肌肉放松,使你获得一个更有意义的伸展运动。

(三)避免过激运动

既然健身是为以后一直坚持下去,那么就不要期望一下拿到"金牌"。因此,当你发觉自己的心跳如此之快,以至于不能一口气说完一句话时,就意味着你的运动过激了,许多教练认为这就是大多数人半途而废的首要原因。因为一旦他们感到运动带给他们的不适,他们就很难再坚持下去了。另外,如果你认为自己的体质不佳,你可以选择一些较轻松的锻炼动作。不想到健身房去的人,可以选择适宜的有氧操,学习如何入门和提高动作的协调性,也是不错的方法。不管怎样,只要你不过分给自己压力,并持之以恒,就会从中受益。

(四)逐步增加运动强度

高强度的运动并不适用于健身训练之初,对于那些已持续练习 6 个月或更长时间的人来讲,这是值得注意的。可能会出现以下的情况:在达到某种程度后通常会进入一个停滞的状态,而大部分人可能会认为"我并没看到身体的任何变化",于

是他们会加快步伐,给自己制造更大的挑战:加大运动量,以期达到使身体有所改变的结果。然而,此时你的迫切心情却让你步入了误区。最好逐步地提高运动的持续时间和程度。可以将20分钟延长到30分钟,把你用的5磅①重量的哑铃改换为8磅的。只是你不必一次性同时做到,时间和强度取其中之一就好了。过一段时间之后,你会惊喜地发现:你的肌肉又开始充满了新的活力。

（五）运动中补充

听起来很"残酷",但是你完全可以不做任何食品补充地坚持完成一个一般性的健身训练。事实上,任何不超过2小时的运动,都不要求必须补充营养,而只要在运动之前的1小时内,确保进餐就已经足够了。有一点需要注意:虽然运动饮料没有坏处,但还有什么比纯水更有益于身体的呢?另外,酒精含量高的饮食对运动是徒劳无功的。切记,当你正在进行运动时,身体会因流汗而迅速丧失水分,而这些液体必须及时补充,否则,随时间的推移,你的身体就会出现脱水现象,会感到口渴难忍。所以,在运动过程中都不要忘记给身体补充水分。一般来讲,人体在做运动时所需要的水分比一般情况下需要得更多。此外,充足的水分有助于减少饥饿感,可降低摄食欲望。

（六）运动后的必要"冷却"

如同健身之前,身体需要时间"预热"一样,身体在锻炼之后,也需要时间恢复平静,让心率重归正常。可以缓缓地放慢动作,直到心跳还原至每分钟120下或更少。当感到自己的心跳趋于缓和,呼吸也逐渐平稳时,就完成了最后的"冷却"工作。另外,健身活动完毕之后,一定要及时地更换衣服,以免感冒。

（七）动作频率太急

当你正挤出时间完成你的锻炼计划时,你可能会冒险地加快动作频率,并且不顾身体的反应而坚持练习。尤其像举重之类的锻炼,如果你做得太快,剧烈的动作会使你的肌肉超出负荷,从而受到伤害,因此,这里有一个简单的规则:2秒举起,4秒放下,有节奏地动作起落,越慢,收到的效果会越好。

（八）始终牢记安全第一

锻炼是为了增进健康,但如果选择危险性高、难度系数大的运动项目,有可能会造成伤害事故。因此,在利用这些项目进行锻炼时,必须有专业人员指导和保护,同时一定要量力而行。最好选择难度适中、危险性小的项目进行锻炼。

（十）选择适合自己的项目

休闲健身时,要避免盲目从众,人云亦云。在选择休闲体育运动时,应以运动

---

① 1磅=0.4536千克。

强度不大,令人轻松愉快,具有安抚身心、消除疲劳,且能令生理和心理上放松的项目为首选。休闲体育强调的是心情的放松、身体的舒适、情感的释放,从而获得身心的满足。因此,在休闲健身时要考虑区域、民族、环境的特点,选择适合自身特点的一些项目。

第三节　休闲体育与新时代和谐社会

由于现代科学技术的不断进步,社会劳动生产率的大幅度提高,人类从繁重的体力劳动中解放出来,劳动者的劳动时间逐渐缩短,人们有越来越多的闲暇时间进行休闲活动,休闲观念也日益深入人心,休闲已成为人们追求新生活方式的目标。西方未来学家格雷厄姆曾经在《全球经济将出现五大浪潮》中指出,到 2015 年人类将走过信息时代的高峰期而进入"休闲时代"。由此可见,当代社会休闲时代的来临,开拓了人们时尚生活的新领域,而休闲时代的休闲方式是多样化的,其中体育休闲就是一种崭新的休闲方式。

一、休闲体育具有促进经济和谐发展的价值

休闲体育是人们以休闲的方式能动地开展的体育活动,是"自由人联合体",以人为本,人人平等。从根本上说,休闲体育属于先进生产力和先进文化共同作用的产物,是物质文明高度发展的显著标志;从主客体关系上说,是主体以休闲体育为客体,促进国民经济持续、健康、快速、和谐发展的需要。众所周知,经济和谐发展取决于社会生产力和社会基本经济制度的和谐统一,离不开生产力的最终推动。在生产力系统中最活跃、最能动的因素是人,只有充分调动人的积极性和创造性,深入开发人的潜能,使人全面发展,才能最大限度地保证经济的有序运行。而休闲体育就为生产力主体提供了一个充满活力、全面发展的休闲方式。为经济和谐发展开拓了新的途径:一是休闲体育对于劳动者消除身心疲劳、恢复体力、激发潜能和以健康愉快的状态投入经济生活有更高的贡献率;二是休闲体育作为一项产业即休闲产业直接或间接地拉动消费,形成休闲体育产业效益,使社会再生产的四个环节(生产、分配、交换和消费)和谐相连;三是休闲体育以新兴产业的方式,有利于优化第三产业内部结构,带动产业结构更新换代,成为推动国民经济进一步持续、稳定发展的新增长点。欧美发达国家第三产业增长较快的情况表明,与休闲体育相关的体育产业对国民经济发展起到重要的促进作用。

二、休闲体育具有实现社会政治和谐发展的价值

社会政治和谐是建设高度政治文明的最终目标。一个民族、一个国家、一个社会是否稳定有序,是与和谐的社会政治环境不可分的。休闲体育是人与社会和谐的最高境界,标志着人们远离战争、暴力、犯罪和恐怖袭击的纷扰,没有种族歧视和性别歧视,人们普遍地获得平等、民主和自由,社会安定有序,每个人的情感、意志和利益达到协调,最终形成伦理道德的、经济的、政治的乃至社会的自然的均衡或自然秩序。从社会学视野看,就业是民生工程,休闲体育的普及可以提高就业率,减少因失业带来的社会冲击,有利于维护社会秩序。从社会心理学的人际沟通角度看,开展体育休闲活动,人们之间获得广泛的交往,使娱乐、健康、情感和人际关系融为一体,实现了物质和精神、体力和智力、生理和心理的和谐统一,有利于消除隔阂、摆脱因隔离而产生的孤独感,建立友好、平等、亲密与和谐的人际关系,维护社会安定团结的和谐局面。从法制教育角度看,开展科学、文明、内容健康和积极向上的休闲体育活动,有利于人们独立自主地享受休闲乐趣,弱化消极的欲望,以愉悦的心态实现精神世界的平衡,潜移默化地纠正不良的行为方式,自觉抵制犯罪活动,促进社会安定团结。有资料显示,消极的休闲,不参加或缺少参加休闲体育等休闲活动,容易产生社会问题,一些青少年走上犯罪道路就是与消极的游手好闲有密切关系。事实证明,在男足世界杯、奥运会等重大运动会召开期间,各国的刑事案发率明显降低,北京召开亚运会期间也是如此。在 20 世纪 80 年代的法国政府曾将体育与其他形式的休闲体育活动作为对付严重社会问题的手段。这表明休闲体育对引导和调节人们的社会生活,促进社会政治的和谐、稳定与发展有重要的政治价值导向作用。

三、休闲体育具有构筑和谐精神家园的价值

社会发展是社会经济、政治与思想(或文化)和谐发展的统一体。积极开展多样化的休闲体育活动,繁荣休闲体育市场,是建设高度社会精神文明的需要。人们在享受物质文明和政治文明的同时,感受到充实的精神生活所带来的幸福快乐,真正体验到精神上的和谐舒畅才是人生状态的最高境界。休闲体育的各种活动为人与人之间进行情感交流、增进了解、产生认同架起了沟通桥梁,使人的精神世界得到更多的终极关怀,对于防止精神匮乏,缓解精神贫困,避免精神家园的荒芜具有精神导向价值。休闲体育体现人的自然性、精神性和社会性,符合人的本质属性。人的本质不是单个人所固有的抽象物,在其现实性上,它是一切社会关系的总和。人必须通过合作、交往等相互联系的方式才能得到不断发展,在社会实践中满足物质上和精神上的需要,如果只有物质上的满足,那么这种人仍然是不全面的,甚至

是空虚的。在现实生活中,有些人虽然在物质上富有,但是在精神上贫困,有的还走上吸毒、自杀等不归之路,引发大量的社会问题。人们在一定物质条件的基础上,往往对精神追求和心理情感的需要会更加强烈,因为在各种需要层次中,精神生活的满足是最高的需要,精神因素对社会物质的反作用是巨大的。因此,休闲体育能够丰富人们精神生活,提高精神生活质量,构建和谐家园。

四、在构建和谐社会中实现休闲体育的和谐价值

在休闲体育的和谐价值中,其价值主体是人,而任何价值的实现都离不开人。因为,人是活生生的人,是充满各种欲望、目的、动机、情感、意志的人,理解人、认识人也必须建立在对人的认识和理解的基础上。实现休闲体育的和谐价值也不例外,必须充分认识、理解和尊重人。首先,在构建和谐社会中,落实科学发展观,实现人的全面发展,即提高人的各方面素质,使人的社会职能全面发展,人的自主性自由发展,人的一切天赋充分发展以及人的劳动能力充分发展等。其次,在开展休闲体育的实践中,把握价值取向的复杂性,对价值进行整合,逐步地由外在强制走向自主选择,由向自然界索取物质利益走向追求人生的自我完善、自我发展和自我超越,由实现单一价值走向实现多重价值,由个体价值与社会价值的分离走向相互结合,使休闲体育的各种价值和谐统一。再次,努力探索实现休闲体育的和谐价值新方法,勇于创新,在休闲体育的观念上、内容上、形式上和实现机制上全面创新,抓住经济全球化的机遇,培育休闲体育创新人才,加速和谐价值的实现。最后,要与社会物质文明、政治文明和精神文明建设相结合,在社会发展和社会进步的过程中去实现。

五、休闲体育构建和谐社会发展

党的十六大提出了全面建设小康社会的奋斗目标,指出:“我们要在本世纪头20年,集中力量,全面建设惠及十几亿人口的更高水平的小康社会,使经济更加发展、民主更加健全、科教更加进步、文化更加繁荣、社会更加和谐、人民生活更加殷实。”党的十六届四中全会针对当前的形势和现状,把构建社会主义和谐社会作为提高党的执政能力的一个方面提出。十六届四中全会关于构建社会主义和谐社会理念,是对党的十六大提出的全面建设小康社会认识的深化和拓展。和谐社会不仅是物质极大丰富,更重要的是人的发展,人的身心健康、精神的满足,自我价值的实现。毕竟社会的主体是人,人的活动构成了社会活动的基本内容,社会进步与发展要体现在社会主体,即人的身上。构建和谐社会要坚持以人为本,促进人的全面发展。而休闲是人的生命活动中的重要组成部分,是社会文明的重要标志,是人类全面发展自我的必要条件,是现代人走向自由之境界的“物质”保障,是人类生存状

态的追求目标。倡导合理、科学、健康的休闲方式对于构建和谐社会至关重要。其意义首先在于休闲对人的全面发展作用。休闲是一个"成为人"的过程,是人生中一个持久的重要的发挥舞台。人们在休闲生活中,通过人类群体所共有的行为、思想、感情,创造文化氛围,传递文化信息,构筑文化意境,从而达到个体身心和意志的全面、完整的发展。其次,休闲的社会意义在于休闲是一种新的生活方式。在这种生活方式中,人与人的关系、人与自然的关系、人与社会的关系变得融洽、和谐;人对物的摄取变得理智、通达。人的社会责任感更加强烈,并通过创造性的生活方式表达自己的追求与理念,增强人与社会的和谐发展。人们会摆脱"见物不见人"的状态,消费不再以破坏生态为代价,保持人与自然和谐共处。最后,休闲的经济意义在于,其会成为经济发展的重要力量,增加了就业机会,对拉动内需,促进消费结构升级发挥积极的作用。马克思指出:"节约劳动时间等于增加自由时间,即增加使个人得到充分发展的时间,而个人的充分发展又作为最大的生产力反作用于劳动生产力。"休闲可以提高工作效率,发展生产力。由此可见,积极倡导休闲体育活动对促进社会主义和谐社会的构建,促进我国社会现代文明的健康发展具有不可忽视的重要作用。我们应充分发挥 2008 年北京奥运会的"后奥运效应",积极推进我国的休闲体育发展,深入开展全民健身运动,大力发展休闲体育产业,为我国社会的和谐健康发展做出积极的贡献。

在这里有必要简单概述一下和谐社会。所谓"和谐",是说构成事物的各个要素或矛盾双方,在对立统一的辩证运动中相互适应、相互配合,最终形成的一种均衡发展的状态。中华民族是一个推崇"贵和"的民族,由"贵和"的传统道德思想引申出来的爱好和平追求平等的民族精神,是民族凝聚力和向心力的重要思想源泉。和谐社会概念的提出,正是在经历了几十年的曲折和探索之后,在继承和发扬这一优秀文化传统的基础上总结出来的。胡锦涛同志在解释什么是和谐社会的问题时用了这样一句话:我们所要建设的社会主义和谐社会,应该是民主法治、公平正义、诚信友爱、充满活力、安定有序、人与自然和谐相处的社会。应该说,这句话高度概括了我们社会主义初级阶段和谐社会的基本特征。那么体育在构建和谐社会的进程里将扮演一个什么样的角色呢?在这里我们不妨回顾三个著名的体育口号。第一个是大家所熟知的奥林匹克格言:更高、更快、更强;第二个是 1990 年北京亚运会的宗旨:团结、友谊、进步。第三个则是现任国际奥委会主席罗格先生的体育宣言:更干净,更人性,更团结。必须补充说明的是,前任国际奥委会主席萨马兰奇先生也曾对奥林匹克格言有进一步的强调,那就是:参与比取胜更重要。这个强调绝非偶然,加上上面三句可以说囊括了百年奥运精神,宽泛一点说则可以延伸至人类体育精神的格言,当我们把它们放在一起做比较的时候,便不难发现其惊人的一致性。尽管它们由于出自不同的时代,依稀能够看出体育在当时的时代背景下内涵的侧重,但有一点是毋庸置疑的,就是在体育精神里无处不在的积极倡导和谐的声音。远至1964年东京奥运会带给日本经济的复苏,近至1988年汉城奥运会让韩国跻身亚洲"四小龙"的行列;上至1990年亚运会的成功举办对塑造中国的国际形象所做出的巨大贡献,下至雅典奥运会中国军团奏响的让世界睁大双眼看中国崛起的豪迈乐章;大到北京成功申办2008年奥运会带给北京乃至中国的骄傲和凝聚力,小到世界杯足球赛期间市民们特别的宽容和耐性,体育就是这样一个集热情、公平、正义、宽容、自信、认同、尊重、骄傲、快乐和健康于一身的人类活动,体育精神里所涵盖的所有意义或远或近都可以凝聚为追求个性发展与促进社会和谐。那么,我们有什么理由不在我们所向往并为之奋斗的和谐社会里唱响体育的最强音呢!在构建和谐社会的大战略中,体育可能只是一个不大的局部。但当我们仔细地来审视这个局部的时候,便不难感觉到体育"有可为,且可有大为"。

六、休闲体育促进社会和谐

21世纪我国大力倡导大众从事休闲体育,这有利于人的全面、自由、和谐发展;有利于增进社会成员之间的交往与和睦相处;有利于为广大学生的素质教育搭建背景和舞台;有利于降低社会犯罪率,维护社会治安的稳定;有利于为社会创造更多的就业机会,缩小社会成员之间的收入差距,带动经济增长;有利于建立一种以休闲为中心的生活方式,可以增强人们生活满意度和幸福感,缓解社会矛盾。同时,休闲体育的内容不断丰富、形式日益多样、质量稳步提高,并逐渐成为人们生活的重要内容和推进改革开放、社会主义现代化建设的精神支柱。

(一)休闲体育促进和谐社会的构建

第一,休闲体育能增进个人体质健康,提高国民体质水平。通过休闲体育,人性可以得到回归,"现代文明病"也可以得到预防和治疗,人们的身心得到抚慰,人际交往得到促进,从而使社会风气得到引导,使人们树立起正确的休闲生活态度,选择科学的休闲生活方式,促进人的社会化;通过休闲体育,人的身心和谐、人们之间和谐,人与社会、自然环境也变得和谐,同时休闲体育培养全面发展的人,也为构建和谐社会打下了坚实的基础。

第二,休闲体育教育能促进个人心理健康和思维发展,塑造良好社会风气。文化方面,休闲体育具有娱乐身心的价值,更有着文化价值。休闲体育本身就是一种文化现象,通过休闲体育,有助于人们形成科学的价值观念思维方式、经营理念和生存智慧,从而形成良好的社会风气,为社会秩序的建立和维护发挥文化整合作用。

第三,休闲体育教育能促进个人的全面发展。提高社会成员综合素质休闲体育教育是实现人的全面发展的教育,培养人的鉴赏力、兴趣、技能及创造休闲机会的能力,使人能以一种有益的方式安排自己的休闲时间,"成为人的过程"是其主要目的,人的素养和个性的提高是其着眼点,而知识的内化和人的潜能的发展是其强调的重点。休闲体育教育有着广泛的内容,智力、审美、心理、健身娱乐活动等都包括在内,休闲体育本身的功能与价值以及人们参与休闲体育活动的环境、条件都和休闲教育十分符合。

第四,发展休闲体育教育能增强人们的休闲体育观念,有助于刺激休闲体育消费、扩大内需,增加就业,使休闲体育成为新的经济增长点。另外,通过休闲体育活动,劳动者的体质得到增强,有助于提高劳动生产率,进一步促进经济发展,为构建社会主义和谐社会奠定良好的物质基础。

(二)休闲体育促进人自身协调发展

随着现代社会生产方式、生活方式以及消费方式的改变,生活节奏加快,工作压力增大,人们的身体尤其是精神和心理容易产生疲劳,易造成精神紧张,神经衰弱等心理疾病。经常从事休闲体育运动可有效促进人的全面发展,放松身心、舒展身体、促进人体内脏器官机能的改善,提高人体适应能力和免疫力,改善大脑供血、供氧能力,使大脑皮层兴奋性增强;可以使抑制加深、兴奋和抑制更加集中、神经过程的均衡性和灵活性加强;对体外刺激的反应更加迅速准确,大脑分析能力加强,工作能力得以提高。休闲体育具有趣味性强、轻松愉快、生动活泼的特点,多以户外为主要活动场所,利于人们释放紧张情绪,宣泄、疏导心理淤塞,使人感到舒畅和愉快,缓解人们的心理疲劳和精神压力,维护人的身心健康,能展现和谐的人际氛围,达到健身养生的功效。

(三)休闲体育促进人与自然的和谐

自然是人和人类社会生存、发展的基础和前提。人首先是作为有生命的个体事物而存在,人类是自然的一个组成部分,人类社会的发展规律以自然界的规律为基础并受其制约。人类社会的发展过程实质上就是不断认识和改造自然的过程。孟子说:"尽其心者,知其性也;知其性,则知天矣。"人的心性与天地万物同体。在中国传统的儒家思想中,自由即和谐。庄子说:"天地与我并生,而万物与我同一。"人只有与天地同体,与自然相融才能真正体味到作为"人"的自由。人与自然的交融,使人胸襟开阔、心性广大。只有当人们面对生生不已、无穷无尽、无始无终的自然时才能领悟到变化乃是世界之本。而当人们面对广阔无际的草原、神秘蛮荒的森林、气势磅礴的江河大川和巍峨连绵的重峦叠嶂的时候,还有什么烦恼不能忘怀,还有什么焦虑不能抛却的呢!休闲体育能使人们从快速的工作生活节奏中解脱出来,投身到大自然的怀抱,从事登山、攀岩、冲浪、垂钓、郊游、野营等各种休闲运动,人们才会了解大自然、感知大自然,才会进一步保护大自然。人类是大自然的产物,只有与大自然和谐共处,人类才会更加美好,充分享受大自然给人类带来的快乐,从而促进人与自然的和谐发展。

（四）休闲体育促进人际关系的和谐

社会的和谐在很大程度上是指人际关系的和谐。社会是人的社会,人际的和谐是社会和谐的一个重要标志。人们在社会交往之中形成了各种各样的人际关系,人只有融入社会之中,才能不断地发展自我、完善自我,才能成为真正意义上的人。然而休闲体育为人际关系的和谐发展提供了一块肥沃的土壤,休闲体育以普适、自娱、自乐的消遣性与游戏性的活动方式迎合大众,在这些活动中得到直接令人愉悦的交往,能够为人们进行直接的、面对面的交流提供一个广阔的平台。可以说,休闲体育不仅是休闲娱乐健身的载体,而且是消除寂寞、拓展交际、增进情感的有效方法。

（五）休闲体育营造良好的社会氛围

休闲体育不受年龄、运动水平、规则的限制,参与者可以通过规则的制定和创新,改变运动技术动作,培养人"重在参与""公平竞争"的意识以及勇于探索、乐于创新的积极心态。因此,长期坚持休闲体育活动有利于形成公平、公正、竞争、积极向上的社会氛围。从事休闲体育,一方面可以使公民的身心在工作之余得到及时调整和放松,从而避免酗酒闹事、打架斗殴、赌博等危害个人健康和社会稳定的事件发生;另一方面,可以充实人们的闲暇生活,分散和转移尖锐的社会问题,维护社会治安和稳定,使社会成员在祥和的环境中充满活力,在体力和精神得到恢复后各尽其能,各得其所,有助于社会的和谐发展。

（六）休闲体育促进社会经济增长

随着社会的发展,人们生活水平的提高和对休闲的需求,必然伴随着休闲产业的兴起。休闲体育产业已成为投资的热点产业,如大中型的高尔夫球场、赛马场、滑雪场、健身房、棋牌室等。随着休闲体育的发展,人们对健身娱乐、竞技观赏和体育用品的需求越来越旺,特别是随着现代科学技术的发展,休闲体育已打上了知识的印记,被赋予了新的内容,为人们提供了更多的精神食粮。休闲体育产业的发展,势必对扩大体育产业的规模、GDP的增长和社会就业做出新的贡献。

（七）休闲体育有利于和谐社会发展

构建和谐社会的基础是全面发展的人,而工业化、信息化造成了人与人、人与自然、人与社会的疏远和隔离,各种"文明病"的产生,给人们带来抵触、恐惧、烦闷和焦虑等心理障碍,如不及时有效遏制,"文明病""亚健康"将会给国家和社会造成沉重的负担。休闲体育具有治疗现代文明病的作用,抚慰身心、放松心灵、促进人际交往,帮助人们树立正确的生活态度,选择科学的生活方式,有利于人的社会化,达到人与社会的和谐。

参考文献

[1] 郭振芳.休闲体育理论与实务及其产业化[M].北京:中国水利水电出版社,2016.

[2] 李相如,钟秉枢.中国休闲体育发展报告(2015~2016)[M].北京:社会科学文献出版社,2016.

[3] 李相如,凌平,卢锋.休闲体育概论[M].2版.北京:高等教育出版社,2016.

[4] 李晶,谢飞.休闲体育与全民健身[M].北京:光明日报出版社,2017.

[5] 马惠娣.21世纪与休闲经济、休闲产业、休闲文化[J].信息空间,2004(7):89-94.

[5] 谢卫.休闲体育概论[M].成都:四川大学出版社,2014.

[6] 岳冠华.解读休闲体育[M].北京:中国社会科学出版社,2012.

[7] 黄益苏.时尚休闲运动[M].北京:高等教育出版社,2007.

[8] 邓跃宁,许军.休闲运动[M].成都:四川科学技术出版社,2011.

[9] 胡小明,虞重干.体育休闲娱乐理论与实战[M].北京:高等教育出版社,2004.

[10] 马旭晨.现代项目管理评估[M].北京:机械工业出版社,2008.

[11] 张宏,陈华.休闲体育管理[M].北京:中国人民大学出版社,2015.

[12] 罗普磷.社会体育管理学教程[M].北京:北京体育大学出版社,2008.

[13] 约翰·凯利.走向自由:休闲社会学新论[M].赵冉,季斌,译.昆明:云南人民出版社,2000.

[14] 托马斯·古德尔,杰弗瑞·戈比.人类思想史中的休闲[M].成素梅,马惠绵,季斌,译.昆明:云南人民出版社,2000.

[15] 凡勃伦.有闲阶级论[M].蔡受百,译.北京:商务印书馆,2013.

[16] 程遂营.北美休闲研究:学术思想的视角[M].北京:社会科学文献出版社,2009.

[17] 陈玉忠.论构建和谐社会与当代中国体育价值目标[J].体育科学,2005(9):21-22.

[18] 丛湖平.我国产业政策重点内容的选择[C].杭州:2010中国国际体育用品博览会暨体育产业与用品业发展论坛,2010.

[19] 理查德·佛罗里达.创意经济[M].北京:中国人民大学出版社,2006:38.

[20] 陶开宇.中等收入阶层消费和谐文化趋势研究[M].北京:中国经济出版社,2009.

[21] 鲍明晓.体育市场——新的投资热点[M].北京:人民体育出版社,2004:143-166.

[22] 田翠琴.农民闲暇[M].北京:社会科学文献出版社,2005:122-123.

[23] 陆学艺.当代中国社会流动[M].北京:社会科学文献出版社,2004:336-337.

[24] 李强.当前我国社会分层结构变化的新趋势[J].江苏社会科学,2004(6):93-95.

[25] 郑杭生.社会学概论新修[M].北京:中国人民大学出版社,1999.

[26] 吴贻刚.中外休闲体育研究的现状与问题[N].上海体育学院学报,2003(3):40-43.

[27] 国家体育总局,教育部,卫生部,等.第二次国民体质监测公报[N].中国体育报,2006-09-20(2).

[28] 平萍.体育教学重在健身[N].中国体育报,2006-09-19(8).

[29] 中共中央办公厅、国务院办公厅.国家"十一五"时期文化发展规划纲要[N].中国教育报,2006-09-14(1).

[30] 李仲广,卢昌崇.基础休闲学[M].北京:社会科学文献出版社,2004.

[31] 卢锋.现代人生活方式与体育运动[N].成都体育学院学报,1998(4):15-19.

[32] 田雨普.独子女社会背景下的我国体育发展对策研究[J].体育科学,2003(2):25-31.

[33] 彭文革.论休闲运动教育[J].武汉体育学院学报,2002(4):12-13.

[34] 刘亚云.休闲体育[M].长沙:湖南师范大学出版社,2007.

[35] 钱利安.休闲体育理论与实践调查研究[M].杭州:浙江大学出版社,2010.

[36] 卢锋.休闲体育学[M].人民体育出版社,2005.

[37] 莫凤波.校园体育文化对大学生树立终生体育观的影响[J].哈尔滨体育学院学报,2008(4).

[38] 王宾,刘立伟.户外休闲体育研究[M].哈尔滨:哈尔滨地图出版社,2009.

[39] 教育部.全国普通高等学校体育课程教学指导纲要[J].中国学校体育,2002(6).

[40] 宋旭.高校学生终身体育目的的形成策略与方法[J].成都体育学院学报,2001(3).

[41] 慈鑫.学生体质下滑家长输不起把运动让位于学习[N].中国青年报,2010-03-21.

[42] 张建伟.阳光体育大事记:2006 年启动　胡锦涛给予积极评价[EB/OL].搜狐体育网.https://sports.sohu.com/20090701/n264894824.shtml.

[43] 李小伟.全国亿万学生阳光体育运动推进会在重庆召开[N].中国教育报,2009-5-15.

附件 1
高职院校学生参与休闲体育活动的满意度

亲爱的同学:您好!

　　欢迎您参加高职院校学生参与休闲体育活动的问卷调查,这份问卷旨在依据各位对问题的回答了解目前学生参与休闲体育活动的动机调查。本问卷中的问题并无对错之分,所以可依据您最真实的情况和意见来填写,回答结果保密。问卷采取无记名方式,且仅供研究分析,不会做其他用途,敬请放心作答。您所提供的意见对本研究是非常宝贵的。没有您的帮助,研究者将难以完成所预定的研究目标。对于您的支持,我们表示衷心的感谢!(请在合适的选项上打√)

1.因为喜爱所以我参与休闲体育活动
　　○完全同意
　　○同意
　　○不确定
　　○不同意
　　○完全不同意

2.参与休闲体育活动帮助我了解我自己
　　○完全同意
　　○同意
　　○不确定
　　○不同意
　　○完全不同意

3.参与休闲体育活动能带给我信心
　　○完全同意
　　○同意
　　○不确定
　　○不同意
　　○完全不同意

4. 休闲体育活动能满足我的兴趣爱好
　　○完全同意
　　○同意
　　○不确定
　　○不同意
　　○完全不同意

5. 休闲体育加强我对周围事物的认知
　　○完全同意
　　○同意
　　○不确定
　　○不同意
　　○完全不同意

6. 休闲体育活动能够给我提供尝试新事物的机会
　　○完全同意
　　○同意
　　○不确定
　　○不同意
　　○完全不同意

7. 休闲体育活动增加了我的经济负担,运动装备和场馆太贵,使我无力承担
　　○完全同意
　　○同意
　　○不确定
　　○不同意
　　○完全不同意

8. 在参与休闲体育活动时我总能遇见那些乐观友善的人
　　○完全同意
　　○同意
　　○不确定
　　○不同意
　　○完全不同意

9. 与朋友一起进行休闲体育运动时,能够加深与朋友的关系,发展更加亲密的友谊
　　○完全同意
　　○同意
　　○不确定

○不同意

○完全不同意

10. 我附近没有可以参加休闲体育活动的运动场所

　　○完全同意

　　○同意

　　○不确定

　　○不同意

　　○完全不同意

11. 我参与的休闲体育活动的场所是清新且干净的

　　○完全同意

　　○同意

　　○不确定

　　○不同意

　　○完全不同意

附件 2
关于高职院校开展休闲体育现状的调查问卷

尊敬的领导、老师:您好!

为了进一步了解高职院校中开展休闲体育的状况,特设此问卷,请您在百忙之中,抽点时间,按照您学校休闲体育开展的真实情况,回答以下问题。您的回答将有助于我们对高职院校开展休闲体育的进一步了解,以便我们做出正确的分析,提出恰当的建议,为改善我们的体育场馆设施和提高学生参与课余休闲活动积极性提供参考。本研究不计姓名。我们诚挚感谢您的帮助与支持,谢谢!

一、基本情况

1.学校名称:＿＿＿＿＿＿＿＿＿＿＿

2.学校所在地:(1)城市(杭、温、甬)等　(2)城镇(县、镇)　(3)乡村

二、现状调查研究(请在合适的选项上打"√")

1.贵校的体育场馆(多选):

(1)室内综合体育馆　(2)风雨综合训练馆　(3)室内体育场　(4)风雨体育场

(5)其他＿＿＿＿＿＿＿

2.贵校的体育设施(多选):

(1)篮球　(2)排球　(3)网球　(4)乒乓球　(5)健美操　(6)形体房　(7)健身房　(8)足球场　(9)羽毛球　(10)其他＿＿＿＿＿＿＿

3.贵校开设的体育项目(多选):

(1)篮球　(2)排球　(3)网球　(4)乒乓球　(5)健美操　(6)形体房　(7)健身房　(8)足球场　(9)羽毛球　(10)其他＿＿＿＿＿＿＿

4.贵校开设的体育课程(多选):

(1)篮球　(2)排球　(3)网球　(4)乒乓球　(5)健美操　(6)形体房　(7)健身房　(8)足球场　(9)羽毛球　(10)其他＿＿＿＿＿＿＿

5.您学校对休闲体育宣传推广的程度(多选)：

(1)经常宣传 　(2)时常宣传 　(3)有时宣传 　(4)很少宣传 　(5)从来没有宣传过

6.您认为您学校学生热衷的体育项目有哪些(多选)：

(1)大球类 　(2)小球类 　(3)操类 　(4)舞蹈类 　(5)徒手类 　(6)竞技类

(7)传统类 　(8)扑克牌、各种棋类

7.您学校的场馆如何收费(多选)：

(1)按时间收费 　(2)按次数收费 　(3)所有场馆都收费 　(4)所有场馆都免费

(5)部分场馆收费

8.您觉得高职院校体育场馆对学生收费合理吗？

(1)合理 　(2)不合理 　(3)您的意见_____

9.您对高职院校体育教学中引进休闲体育的看法：

请填写：_____

10.您对高职院校开展休闲体育的建议：

请填写：_____

附件 3
关于高职学生参与休闲体育活动意向的调查问卷

亲爱的同学:您好!

为了全面了解 21 世纪初高职学生参与休闲体育活动的情况,特设此问卷。请您在百忙之中,抽点时间,按您自己的真实情况,回答以下问题,您的回答将有助于我们深入了解高职学生参与休闲体育的现状,为丰富大学生校园文化生活及构建和谐校园提供依据。本研究不计姓名。我们诚挚感谢您的帮助与支持,谢谢!

一、基本情况(请在合适的选项上打"√")

1. 性别:(1)男　(2)女
2. 您所在年级:(1)大一　(2)大二　(3)大三
3. 您所在学校的办学性质是:(1)民办　(2)公办
4. 您最喜欢参与的休闲活动的形式是:
   (1)休闲体育　(2)玩电脑　(3)社交活动　(4)文娱活动(书画、戏曲、歌舞等)
   (5)看各种书籍、杂志、报纸等　(6)看电影、电视、听收音机等
   (7)手机、电话聊天　(8)其他
5. 下列休闲活动中您喜欢参与的形式依次为:_____(请填写序号)
   (1)休闲体育活动　(2)看各种书籍、杂志、报纸等　(3)文娱活动(书画、戏曲、歌舞等)　(4)社交活动　(5)看电影、电视、听收音机等　(6)玩电脑
6. 在最近的 6 个月内,您主要进行的体育活动形式是:
   (1)休闲体育　(2)运动训练　(3)带有内在强迫因素(减肥、健身等)的体育活动
   (4)达标练习　(5)其他_____
7. 在最近的 3 个月内,您进行休闲体育活动的情况:
   (1)有规律地、经常性地参与(每周 3 次或 3 次以上,每次至少 30 分钟)
   (2)没有规律,每周不超过 2 次,每次至少 30 分钟
   (3)很少参与,每月 2—3 次,每次至少 30 分钟
   (4)非常少、不定期

(5)没有

8.您参与休闲体育的动机是:

(1)放松心情、减轻压力　(2)强健体魄　(3)多认识朋友　(4)兴趣爱好,展现特长　(5)发泄不良情趣　(6)其他

9.您在参与休闲体育活动中的总体体验是:

(1)心情愉悦　(2)更健康　(3)增进了交往　(4)增强了自信心和自我意识　(5)丰富了生活　(6)其他

10.如果有条件,您是否愿意参加休闲体育活动:

(1)非常愿意　(2)比较愿意　(3)不一定　(4)不大愿意　(5)不愿意

11.您认为您所在学校对休闲体育宣传推广的程度:

(1)经常宣传　(2)有时常宣传　(3)很少宣传　(4)从来没有宣传过

12.您参与休闲体育活动的场所一般在:

(1)本校活动场所或空地　(2)校外体育场所　(3)户外空地(大自然)　(4)宿舍　(5)其他

13.您经常参加的休闲体育项目:

(1)跑步、散步　(2)武术、气功　(3)健美操、体育舞蹈、健美　(4)远足、旅游　(5)扑克牌、各种棋类等　(6)大球类(篮、排、足球等)　(7)小球类(网球、乒乓球、羽毛球、台球等)　(8)滑旱冰　(9)其他_____

14.您认为目前您所在学校休闲体育工作面临的困难是:

(1)学校不重视　(2)缺少活动经费　(3)缺少活动场地　(4)缺少指导人员　(5)学习压力过大,没有时间参加　(6)大家没有积极性　(7)其他_____

15.您认为您所在学校应该如何加强和改善休闲体育工作:

(1)加大休闲体育宣传　(2)增建体育设施　(3)加大经费投入　(4)成立各种休闲体育组织　(5)培养专业指导人员　(6)提高对体育的整体认知　(7)其他

16.您喜欢室内休闲还是户外休闲:

(1)室内　(2)户外　(3)无所谓

注:休闲体育是指在空闲时间中进行的,以获得轻松、愉快、调节精神为主要目的的体育活动,具有积极、主动、自由参与的特征,不带有内在或外在强迫性。如果以减肥、预防疾病(带有内在强迫因素)或参加比赛(带有外在强迫因素)等为最主要目标的体育活动,则不是休闲体育活动。

附件 4
高职学生参与休闲体育制约因素的调查问卷

亲爱的同学：您好！

为了全面了解 21 世纪初高职学生参与休闲体育活动的情况，特设此问卷。请您在百忙之中，抽点时间，按您自己的真实情况，回答以下问题，您的回答将有助于我们深入了解高职学生参与休闲体育的现状，为丰富大学生校园文化生活及构建和谐校园提供依据。本研究不计姓名。我们诚挚感谢您的帮助与支持，谢谢！

休闲活动的制约因素（请在合适的选项上打"√"）

1.活动场所离自己较远，不方便

 （1）完全符合 （2）比较符合 （3）说不准 （4）完全不符合

2.难以找到其他人一起参与

 （1）完全符合 （2）比较符合 （3）说不准 （4）完全不符合

3.缺少必要的技能

 （1）完全符合 （2）比较符合 （3）说不准 （4）完全不符合

4.由于身体的原因不能参与活动

 （1）完全符合 （2）比较符合 （3）说不准 （4）完全不符合

5.对参与活动缺少兴趣

 （1）完全符合 （2）比较符合 （3）说不准 （4）完全不符合

6.经济的原因

 （1）完全符合 （2）比较符合 （3）说不准 （4）完全不符合

7.学习或时间需要得到保证

 （1）完全符合 （2）比较符合 （3）说不准 （4）完全不符合

8.娱乐设施太过于拥挤

 （1）完全符合 （2）比较符合 （3）说不准 （4）完全不符合

9.场地开放的时间不太方便

 （1）完全符合 （2）比较符合 （3）说不准 （4）完全不符合

10. 在公共场所参与活动会感到害羞
　　(1)完全符合　　(2)比较符合　　(3)说不准　　(4)完全不符合

　　注：休闲体育是指在空闲时间中进行的，以获得轻松、愉快、调节精神为主要目的的体育活动，具有积极、主动、自由参与的特征，不带有内在或外在强迫性。如果以减肥、预防疾病（带有内在强迫因素）或参加比赛（带有外在强迫因素）等为最主要目标的体育活动，则不是休闲体育活动。